reinhardt

mensch & tier

Charlotte Darga • Dorothea Dapper

Tierisch systemisch

Lösungs- und Ressourcenorientierung
in der tiergestützten Intervention

Mit 71 Abbildungen und Online-Material

Ernst Reinhardt Verlag München

Charlotte Darga, Gütersloh, ist Dipl. Pädagogin, Systemische Kinder- und Jugendlichentherapeutin (SG), Systemische Supervisorin (SG), Fachkraft für tiergestützte Intervention (ISAAT) und Coach für Mensch-Hund-Teams sowie Dozentin und Leitung der Weiterbildung „Besuch auf 4 Pfoten".

Dorothea Dapper, Marl, ist Dipl. Sozialarbeiterin, Systemische Familientherapeutin und Grundzüge der Supervision (DGSF), Fachkraft für tiergestützte Therapie/Intervention (ISAAT) und Leitung des Instituts für systemische und tiergestützte Therapie.

Bibliografische Information der Deutschen Nationalbibliothek

Die Deutsche Nationalbibliothek verzeichnet diese Publikation in der Deutschen Nationalbibliografie; detaillierte bibliografische Daten sind im Internet über <http://dnb.d-nb.de> abrufbar.

ISBN 978-3-497-03141-2 (Print)
ISBN 978-3-497-61663-3 (PDF-E-Book)
ISBN 978-3-497-61664-0 (EPUB)

Printed in EU

Covermotiv, Abb. 1-18, 20-22, 24-30, 32-44, 50-52, 54-61, 66, 70 und 71 unter Verwendung von privaten Fotos und Illustrationen von Charlotte Darga

Abb. 19, 23, 31, 45-49, 53, 62-65 und 67-69 unter Verwendung von privaten Fotos von Dorothea Dapper

Satz: ew print & medien service gmbh, Würzburg

Ernst Reinhardt GmbH & Co KG, Kemnatenstr. 46, D-80639 München
Net: www.reinhardt-verlag.de E-Mail: info@reinhardt-verlag.de

Inhalt

Das Online-Material zum Buch können Sie auf der Homepage des Ernst Reinhardt Verlags unter https://www.reinhardt-verlag.de herunterladen. Auf der Homepage geben Sie den Buchtitel oder die ISBN in der Suchleiste ein. Hier finden Sie das passwortgeschützte Online-Material unter den Produktanhängen. Das Passwort zum Öffnen der Dateien finden Sie vor dem Literaturverzeichnis.

Vorwort

Wir, Charlotte Darga (genannt Charly) und Dorothea Dapper (genannt Doro), sind seit vielen Jahren als Pädagogin bzw. Sozialarbeiterin tätig. Wir haben die Liebe zum Tier professionell aufgegriffen, uns zu Systemikerinnen und Fachkräften für die tiergestützte Intervention ausbilden lassen und wir bilden uns nach wie vor mit Begeisterung in beiden Bereichen fort. Die Kombination aus systemischer Haltung und dem gemeinsamen Leben mit Haus- und Hoftieren ist für uns zu einem Lebensmotto geworden, das uns sowohl beruflich als auch privat prägt und trägt.

Im Frühjahr 2019, bei Kaffee und Kuchen, kam uns die Idee, unsere tief verankerte Haltung in einem Buch niederzuschreiben und unser durch die zahlreichen praktischen Erfahrungen angereichertes Wissen auch auf diesem Wege weiterzugeben.

Viele kleinere und auch richtig große Herausforderungen haben wir in der Zwischenzeit gemeistert. Die brennende Idee, ein Handbuch zu schreiben, in dem wir erstmals in der Fachliteratur die beiden Ansätze *systemisch* und *tiergestützt* zusammenbringen, hat uns die Energie gegeben, es erfolgreich zu Ende zu bringen. Wir freuen uns, Ihr Interesse geweckt zu haben, und laden Sie recht herzlich ein, etwas von unserem Feuer in Ihrem beruflichen Kontext zu versprühen.

1 Einführung

Mit diesem Buch möchten wir allen Fachkräften, die tiergestützt mit Kindern, Jugendlichen und Familien arbeiten, die systemische Denkweise oder vielmehr die systemische Haltung näherbringen. Wir möchten Sie neugierig machen, Sie inspirieren – aber Achtung – es könnte sein, dass Sie nach dem Lesen dieses Buches mehr über Systemische Beratung und Therapie wissen wollen …

Wir sind überzeugt davon, dass die systemische Haltung eine gewinnbringende Ergänzung für die tiergestützte Arbeit ist – und zwar unabhängig vom spezifischen Einsatz- oder Fachgebiet – und unabhängig von der eingesetzten Tierart!

Dieses Buch spricht nicht nur TGI-Fachkräfte an, sondern auch alle tierlieben Systemiker sowie alle anderen Neugierigen. Sie erfahren, welche Bereicherung der Einsatz von Tieren in der systemischen Arbeit darstellt und werden überrascht sein, mit wie vielen Techniken und Methoden Sie mit Leichtigkeit tierische Mitarbeiter einbeziehen können – es scheint fast so, als wären sie eigens dafür gemacht!

Nicht immer beziehen wir unsere Tiere aktiv mit ein. Manchmal beziehen wir die Tiere nur sprachlich, gedanklich oder passiv – durch Beobachtung – mit ein. Die Tiere sind Projektionsfläche, schaffen Lebendigkeit, regen unsere Sinne auf ganzheitliche Weise an, kommunizieren nonverbal und laden auf ganz hervorragende Art zu Perspektivwechseln ein. Wir stellen Ihnen in diesem Buch also nicht nur praktische Spiele, Übungen oder Aktionen vor, sondern auch Methoden, bei denen die Tiere nicht unmittelbar involviert sind.

An dieser Stelle weisen wir ausdrücklich auf die *Gefahr der Instrumentalisierung von Tieren* im tiergestützten Setting hin. Mit den Einblicken in unsere Arbeit werden wir verdeutlichen, dass wir die Bedürfnisse unserer Tiere stets im Blick haben. Denn nur zufriedene, artgerecht lebende Tiere können einen so großen Beitrag in unserer Arbeit leisten und all die positiven Effekte erzielen – manchmal sogar kleine Wunder bewirken –, die wir immer wieder mit Staunen erleben dürfen. Dennoch ist uns bewusst, dass die von uns eingesetzten Tiere einen Job machen. Es war unsere Entscheidung, sie einzusetzen. Umso wichtiger ist es, die Interessen der Tierarten zu berücksichtigen. Ihre sozialen, psychischen und biologischen Bedürfnisse sollten weitestgehend erfüllt sein. Der Aspekt der Ethik in der tiergestützten Intervention geht mit der systemischen Grundhaltung konform. Wir gehen davon aus, dass jedes Individuum Experte für sich selbst und seinen Lebensraum ist.

Mit diesem Buch möchten wir in erster Linie unser *tierisch-systemisches Wissen* und unsere gesammelten Erfahrungen aus der systemischen Praxis weitergeben, die wir in tiergestützten Settings gewonnen haben. Von deren Effektivität und Sinnhaftigkeit sind wir überzeugt – sowohl als Sozialarbeiterin bzw. Pädagogin, als systemische Therapeutin, als Coach und Supervisorin als auch als Fachkraft für tiergestützte Intervention.

Ein weiterer Hinweis, der uns wichtig ist: Die erfolgreiche systemische Arbeit hat in den letzten Jahren regelrecht zu einem „Boom" geführt, weshalb der Zusatz *systemisch* immer häufiger in verschiedensten Zusammenhängen erscheint und somit scheinbar inflationär benutzt wird – alles scheint neu und besser zu sein, wenn man das Wörtchen *systemisch* davorsetzt (Schlippe/Schweitzer 2019b, 17). Zum einen ist dies eine erfreuliche Entwicklung, da es für die Effektivität, den Erfolg der systemischen Praxis spricht und nicht zuletzt auch dadurch zu mehr Bekanntheit und Anerkennung systemischer Beratungs- und Therapieansätze führt. (Seit 2018 ist die Systemische Therapie als Psychotherapieverfahren für Erwachsene anerkannt und kann von approbierten Psychotherapeuten als Kassenleistung abgerechnet werden.) Zum anderen droht der Begriff, dadurch einer gewissen Abnutzung zu unterlaufen und nicht mehr ausschließlich fachlich korrekt verwendet zu werden.

Systemisches Arbeiten ist mehr als der Einsatz einiger systemischer Methoden oder Techniken; auch wenn wir in diesem Buch einige davon vorstellen, die ohne weitere Grundkenntnisse umsetzbar sind, macht der Einsatz die tiergestützte Arbeit nicht gleich grundlegend systemisch und den Menschen noch lange nicht zum Systemiker. Dies zu erwähnen, ist uns vor dem Hintergrund der Fachlichkeit und Professionalität unserer Arbeit besonders wichtig und gilt im Übrigen ebenso für die Begrifflichkeit der Tiergestützten Intervention (TGI): Allein die Anwesenheit eines Hundes während eines Beratungsgesprächs oder die systemische Therapiesitzung auf dem Bauernhof oder im Tierpark macht die Arbeit noch lange nicht zu einer tiergestützten Intervention. Auch hier gehört selbstverständlich mehr dazu. Somit stimmen wir den Psychologen Arist von Schlippe und Jochen Schweitzer bezüglich folgender Aussage ausdrücklich zu:

„Wenn sich systemische Praxis darauf begrenzt, systemische Interventionstechniken anzuwenden, fehlt jedoch eine wichtige Reflexionsebene, auf der man sich bewusst wird, warum man so interveniert, wie man es tut" (Schlippe/Schweitzer 2019b, 18).

Den Begriff *Systemiker* gibt es als solchen eigentlich nicht. Ein einzelner Begriff vermag gar nicht all das auszudrücken, was dem systemischen Ansatz, der systemischen Haltung und der systemischen Praxis zugrunde liegt. Es gibt schließlich auch nicht *die Systemtheorie*. Wir werden den Begriff dennoch häufig der Einfachheit halber verwenden, um alle systemisch ausgebildeten und arbeitenden Fachkräfte (Berater, Familientherapeuten, Kinder- und Jugendlichentherapeuten, Psychotherapeuten, Erzieher, Sozialarbeiter etc.) in einem Wort zusammenzufassen und gleichermaßen anzusprechen.

Übrigens: Wir sprechen im Buch mal von systemisch-tiergestützten Settings, mal von tiergestützten systemischen Interventionen und ähnlichen Begrifflichkeiten. Mal steht das eine Wörtchen, mal das andere vorn und mal ist ein Bindestrich dazwischen, mal nicht. Das ist uns bewusst! Und es ist mit voller Absicht so. Denn es macht genauso Sinn, wie wir es jeweils im entsprechenden Kontext formulieren. Der Bindestrich verbindet und stellt das Setting als etwas Eigenständiges dar, das aus beiden Bereichen neu erwachsen ist, das sich zusammengefügt hat zu einem großen Ganzen. Manchmal geht es jedoch auch explizit um systemische Interventionen, zu denen Tiere hinzugezogen werden oder andersherum um tiergestützte Interventionen, die durch systemische Methoden bereichert werden.

Und noch eine letzte Sache: Wenn wir in den nachfolgenden Kapiteln das Pronomen *wir* benutzen, meinen wir damit nicht ausschließlich uns selbst, sondern sprechen in erster Linie von uns Systemikern, von uns pädagogischen und therapeutischen Fachkräften, die tiergestützt arbeiten oder die besonderen Fähigkeiten unserer tierischen Mitlebewesen wertschätzen und sinnvoll und bereichernd einsetzen möchten – mit einem Mehrwert sowohl für die fachliche Arbeit als auch für die Beziehung, das Miteinander und vor allem auch mit einem Mehrwert für das Tier. Mit *wir* sind all diejenigen gemeint, die sich angesprochen fühlen, die neugierig und interessiert durchs Leben gehen und mehr wissen wollen. Mit dem Wir schließen wir außerdem auch all unsere geschätzten Kollegen mit ein, die so großartige Arbeit mit Mensch und Tier leisten und uns in unseren wie auch immer gearteten Begegnungen inspiriert haben.

Wir möchten Sie als Leser einladen, die spannenden Aspekte und Wechselwirkungen der systemisch-tiergestützten Interventionen mit uns gemeinsam zu betrachten.

Wir verwenden in diesem Buch Personen- oder Berufsbezeichnungen geschlechtsneutral, benennen diese aufgrund der besseren Lesbarkeit aber entweder in maskuliner (der Mensch) oder in femininer Form (die Person), meinen damit jedoch selbstverständlich immer alle Geschlechter gleichermaßen.

2 Die SysTiere: Unsere tierischen Assistenten

Unsere *SysTiere* sind unsere tierischen Assistenten und werden in diesem Buch die Funktion übernehmen, wie ein *roter Faden* durch die Inhalte zu führen. Sie veranschaulichen die wesentlichen Kernaussagen der systemisch-tiergestützten Intervention. Bevor wir die *SysTiere* einzeln vorstellen, erläutern wir unsere Assoziationen, die wir mit den *SysTieren* verbinden:

- **S wie systemisch:** Wir Systemiker orientieren uns an den Grundlagen der Systemtheorie und dem Konstruktivismus und betrachten unsere Klienten nie isoliert, sondern immer als Teil eines Systems mit Wechselwirkungen, in dem sie sich gegenseitig beeinflussen und für den Prozess hilfreich sein können. In erster Linie ist die systemische Intervention jedoch eine Frage der Haltung: Wir begegnen unserem Klienten interessiert, neugierig und vor allem wertschätzend. Wir würdigen sein Problem und erkennen seine Bewältigungsstrategien an, ohne aber in eine Problemtrance zu verfallen. Stattdessen fokussieren wir uns gemeinsam mit dem Klienten auf die Lösungsoptionen und Ziele und begleiten ihn unterstützend auf seinem Weg, indem wir ihm helfen, sich der eigenen Ressourcen bewusst zu werden und ihn sich als selbstwirksam erleben zu lassen.
- **Y wie Yes-Set:** Zu Beginn einer Sitzung im Rahmen des Joinings ist ein Yes-Set (sozusagen eine *Ja-Haltung*) als Methode sehr hilfreich, um die Gesprächs- und Kooperationsbereitschaft und das Selbstwertgefühl des Klienten zu steigern und ihm Wertschätzung entgegenzubringen: Es werden geschlossene Fragen gestellt oder Feststellungen geäußert, die voraussichtlich mit Ja oder einem zustimmenden Nicken beantwortet werden, z. B.: „Sitzen Sie gut?" – „Wir haben jetzt etwa eine Stunde Zeit." – „Wenn es für Sie okay ist, würde ich jetzt beginnen" (Erickson/Rossi 2010, 18 ff.).

Im tiergestützten (wie auch im rein systemischen Setting) ist es zudem immer wichtig, das Einverständnis des Klienten einzuholen, was ebenfalls im Rahmen des Joinings und des Yes-Sets geschehen kann: „Ist es in Ordnung, wenn ich den Hund jetzt ableine?" – „Ist es okay für dich, wenn das Schaf bei dir ist?" – „Bist du einverstanden, wenn das Huhn uns bei unserer heutigen Sitzung begleitet?" – „Für unseren heutigen Termin habe ich die Schnecke eingeladen, okay?"

Sollte etwas davon verneint werden, geht es darum herauszufinden, was passieren müsste, damit der Klient einverstanden ist und was er braucht, um sich wohl und sicher zu fühlen. Damit zeigen wir ihm, dass er uns wichtig ist und wir ihn so akzeptieren und annehmen, wie er bei uns ist. Auch diesen Dialog kann man gut mit einer geschlossenen Frage, die bejaht wird, abschließen: „Dann machen wir es so, okay?"

- **S wie spielerisch:** Unsere Tiere fordern unsere kreative und verspielte Seite in uns heraus. In der Interaktion mit ihnen begegnen wir Kindern, Jugendlichen und Familien somit auf Augenhöhe und holen sie da ab, wo sie sich gerade in ihrer Entwicklung befinden. Spielerisch fordern wir sie heraus, ihre Stärken und Fähigkeiten zu entdecken, neue Verhaltensweisen zu trainieren und alternative Handlungsstrategien zu festigen. Intrafamiliäres Miteinander kann spielerisch entdeckt und überdacht werden. Und auch Erwachsene profitieren von der Begegnung mit Tieren, da das innere Kind in ihnen angesprochen wird und sie sich im Kontakt mit den Tieren authentisch und selbstwirksam erleben und so angenommen werden, wie sie sind. Das schafft Vertrauen und eine angenehme, einladende Atmosphäre.
- **T wie tierisch:** Im systemisch-tiergestützten Setting nutzen wir die Tiere und deren Eigenschaften und Fähigkeiten, um das Setting lebendig zu gestalten und die Klienten ganzheitlich anzusprechen. Tiere begegnen uns und kommunizieren mit uns nonverbal und auf einer anderen, einer analogen Ebene, als wir es in rein zwischenmenschlichen Interaktionen tun. Dies kann sehr wertvoll für den Beratungs- oder Therapieprozess sein, da wir so die Blickwinkel verändern, Muster aufbrechen und zu neuen zielorientierten Perspektiven anregen.
- **I wie interaktiv:** Tiere regen zur Kommunikation an. Systemische Beratung und Therapie basiert auf Gesprächen und Dialogen und beinhaltet viele interaktive Methoden, bei denen der Klient zur aktiven Mitarbeit und Mitgestaltung aufgefordert wird. Tiere schaffen einen gemeinsamen Fokus und bieten immer ein Gesprächsthema. Wir Systemiker beobachten unsere Tiere und die Interaktion mit uns und unseren Klienten. Die

daraus gewonnenen Informationen und Interpretationen können wir in Form von Hypothesen unseren Klienten zur Verfügung stellen.

- **E wie erdend:** Tiere erden uns. Sie entschleunigen und lassen uns auf das Wesentliche besinnen. Sie führen uns zurück zu unseren Wurzeln und der Verbundenheit zur Natur und dem Leben im Einklang mit ihr. Sie können uns jedoch auch anregen, uns auf Explorationen einzulassen. Sie machen uns neugierig und mutig.
- **R wie reflexiv:** Unsere Tiere begegnen uns authentisch und helfen uns selbst dabei, authentischer zu sein. Sie laden uns ein, über uns selbst und unser Verhalten nachzudenken und vermeintlich negative Eigenschaften in einem anderen Licht zu betrachten. Sie reagieren stets prompt und ehrlich auf unser Verhalten und geben uns unmittelbar und direkt Rückmeldung dazu. Tiere bieten mit ihrer Vielfalt an Eigenschaften, Fähigkeiten und Besonderheiten nicht nur eine Projektionsfläche, sondern auch eine bunte Palette an Vergleichs- und Identifizierungsmöglichkeiten, die in der Ressourcenarbeit ungemein hilfreich sind und die Arbeit mit dem inneren Team einleiten können.
- **E wie einladend:** Der Wohlfühlfaktor wird sowohl im systemischen Kontext als auch im tiergestützten Setting großgeschrieben. Wir möchten unsere Klienten einladen. Daher liegt es uns am Herzen, eine besonders angenehme und einladende Atmosphäre zu schaffen. Wir holen uns stets das Einverständnis ein, bevor wir handeln. Wir fordern nicht auf, sondern laden ein – diesen Begriff nutzen wir tatsächlich auch in unserer Sprache: „Ich möchte Sie zu Beginn unserer heutigen Sitzung gerne einladen, einmal gemeinsam mit mir darüber nachzudenken, was sich seit unserem letzten Treffen verändert hat. Ist das okay, wenn wir so starten?" Und auch in der Kommunikation mit unseren Tieren laden wir ein. Unsere Tiere haben stets die Wahl, mitzumachen oder nicht. Wir befehlen es ihnen nicht, sondern laden sie ein. Wenn sie nicht mitmachen, hat das einen guten Grund und ist okay!

Dies sind unsere SysTiere:

- **Hühner:** Sie kommen sehr gut ohne uns Menschen zurecht. Sie sind nicht auf uns angewiesen. Hühner wissen, was sie brauchen, was gut für sie ist und sorgen selbst für sich und einen bedürfnisorientierten Tagesablauf – wenn man sie lässt und ihr Lebensumfeld natürlich so gestaltet, dass sie alle Möglichkeiten dazu haben. Hühner sind also Experten für sich selbst. Diese Grundhaltung aus dem systemischen und lösungsfokussierten Ansatz, jeder sei Experte für sich selbst (de Shazer/Dolan 2020), können wir von den Hühnern besonders gut lernen bzw. mit Hilfe der Hühner lebendig vermitteln. Ebenso die positive Sichtweise auf die Dinge und der grundlegende Gedanke, dass nie alles schlecht ist. Es gibt immer Ausnahmen, Momente, die zumindest ein bisschen weniger schlecht waren oder Phasen, in denen es etwas besser lief. Hühner sind äußerst gut darin, gezielt ein gutes Körnchen zu finden, sei es auch noch so klein. Es lohnt sich also, genauer hinzuschauen!

Abb. 1: Hühner

- **Esel:** Sie werden bzw. ihr Verhalten wird oftmals als stur fehlinterpretiert. Eigentlich verhalten sie sich sehr schlau, logisch und verhaltensökonomisch sinnvoll.

  Ein Esel fragt immer nach dem guten Grund, etwas zu tun und wägt ab, welche Verhaltensreaktion vermutlich am Sinnvollsten wäre, bevor er handelt. Er überlegt, ob es sich für ihn lohnt, Energie aufzuwenden und wenn ja, wie viel davon. Dies entspricht der „Annahme des guten Grundes" (Hemsoth 2021, 17), die die systemische Grundhaltung prägt, mit der Systemiker Klienten begegnen.

Abb. 2: Esel

Abb. 3: Schweine

● **Schweine:** Sie sind überaus intelligent und lernfreudig und können sehr geschickt sein, man könnte auch sagen clever. „Könnte es sein, dass du Futter für mich hast ...?" So würden Schweine uns begrüßen, wenn sie sprechen könnten. Sie fordern uns immer wieder freundlich, aber auch beharrlich auf, ihnen etwas zu geben. Auf die gleiche Art und Weise können wir im systemischen Kontext unsere Klienten zu neuen Sichtweisen anregen – stets freundlich, clever (kreativ) und mit einer gewissen Beharrlichkeit nach *Futter* – in unserem Fall Informationen – fragen, um die Hypothesen zu überprüfen. Systemiker arbeiten gerne damit, Hypothesen aufzustellen, um Verhalten, Handlungen und Systeme zu verstehen, Ressourcen zu finden und mögliche Lösungswege zu erarbeiten. Damit dies in der Gesprächsführung zielführend Anwendung finden kann, kommt es darauf an, clever zu fragen, anstatt Vorurteilen zu verfallen oder vermeintliche Behauptungen aufzustellen oder Aussagen zu treffen, die den Eindruck von Unterstellungen erwecken könnten, also lieber clever formulieren wie z.B. „Könnte es sein, dass ...?" Damit kann der Systemiker seine Hypothesen überprüfen und lässt dem Klienten genügend Freiraum, ggf. zu verneinen oder etwas richtig zu stellen. Zugleich regt eine offene und fragende Formulierung zum weiteren Nachdenken an.

Abb. 4: Meerschweinchen

● **Meerschweinchen:** Sie leben in großen sozialen Gruppen zusammen. Viele Individuen bringen unterschiedliche Fähigkeiten mit, erfüllen jeweils eine wichtige Funktion im System. Sie ergänzen sich gegenseitig und stärken so das Gruppengefüge. Sie nutzen, neben ihrer Körpersprache, viele verschiedene Pfeif-, Fiep- und Brummtöne, um zu kommunizieren. Manche Meerschweinchen haben ständig etwas zu sagen und andere sind eher still. In jedem System sind verschiedenste Ressourcen vorhanden, die oft aber ungenutzt oder unentdeckt bleiben.

Sowohl in uns selbst als auch innerhalb unseres Systems, in dem wir interagieren, werden wir beim genauen Hinsehen wertvolle Ressourcen finden, die uns helfen können. Systemische Interventionen sind ebenso wie tiergestützte Interventionen immer ressourcenorientiert. Somit ist die Frage „Wer oder was könnte hilfreich sein?" eine ganz wesentliche im systemisch-tiergestützten Arbeiten.

- **Schafe:** Sie sind Fluchttiere und leben im Herdenverband. Beide Tatsachen bringen Aspekte mit sich, die es ihnen ermöglichen, schnelle und effiziente Handlungsentscheidungen zu treffen, die ihnen das Überleben sichern. Schafe liefern eine schöne Veranschaulichung des systemischen Ansatzes – ähnlich wie ein Mobilé: Wenn sich ein Schaf in der Herde bewegt, es auf eine bestimmte Art und Weise agiert, löst dies Verhaltensreaktionen bei allen anderen Mitgliedern der Schafherde aus. Als Fluchttiere sind Schafe stets achtsam und halten sich für den Fall der Fälle möglichst viele (Flucht- und Handlungs-)Optionen offen: „Was wäre, wenn ...?" ist eine wesentliche Kernfrage in der systemischen, lösungs- und ressourcenorientierten Arbeit. Ebenso wie das genaue *Ausmalen des Lösungsbildes*. Schafe haben instinktiv Lösungen parat, um auf bestimmte Ereignisse zu reagieren. Dabei wird immer das Ziel im Auge behalten, sowohl das Ziel jedes einzelnen Individuums als auch das Ziel der gesamten Herde zur Aufrechterhaltung des funktionierenden Systems.

Abb. 5: Schafe

- **Ziegen:** Sie sind bekannt dafür, sehr neugierig zu sein, dabei recht forsch und oft auch ziemlich frech und hartnäckig. Dabei sind sie aber i. d. R. nicht aggressiv, sondern bleiben irgendwie charmant und bringen uns gelegentlich mit ihren Ideen zum Lachen. Genauso stellen Systemiker und lösungsfokussierte Berater ihren Klienten Fragen. Sie fragen neugierig und interessiert

Abb. 6: Ziegen

nach, möchten es ganz genau wissen und lassen es sich vom Klienten möglichst exakt beschreiben. Dabei ist eine der wahrscheinlich am häufigsten gestellte Frage: „Was noch?" Der systemische Berater oder Therapeut bleibt hartnäckig, etwas frech, aber niemals unverschämt am Ball und oftmals auch mit einer gut dosierten Portion Humor.

Abb. 7: Hasen/Kaninchen

- **Hasen/Kaninchen:** „Mein Name ist Hase – ich weiß von nichts!" Diese Redewendung ist recht treffend für den Kern einer lösungsfokussierten Haltung. Natürlich arbeiten wir nicht mit Hasen, aber auf unsere Kaninchen trifft es gleichermaßen zu. Sie passen immer gut auf, beobachten ihre Umwelt genau und sind interessiert an dem, was um sie herum passiert. Dazu nehmen sie eine aufrechte, unaufdringliche, eher zurückhaltende, aber dennoch aktive Haltung ein. Ihre großen Ohren sind aufmerksam gespitzt, um alles Wesentliche aufzunehmen. Mit dieser Haltung begegnet der Systemiker seinen Klienten besonders wertschätzend, denn er würdigt das Problem und die bisher bewältigten Herausforderungen, ist ehrlich interessiert daran, mehr zu erfahren und offen für individuelle und kreative Lösungswege.

Abb. 8: Hunde

- **Hunde:** Sie trainieren gerne mit ihren Menschen neue Fähigkeiten. Sie freuen sich, wenn sie mit ihrer Verhaltensstrategie erfolgreich waren und eine Belohnung bekommen. Ein Grundprinzip der klassischen Lerntheorie ist: Verhalten, das sich lohnt, wird häufiger gezeigt! Was so simpel klingt, ist – erst einmal bewusst gemacht und verstanden – eine unglaublich wertvolle Erkenntnis. Auch der systemische Ansatz verfolgt die Idee des Trainierens und Einübens von neuen Fähigkeiten, die für die Bewältigung des Problems hilfreich und nützlich sein könnten und bedient sich dabei einer im wahrsten Sinne des Wortes *kinderleichten*

Herangehensweise, nämlich dem *So-tun-als-ob*. Menschen, die so tun, als ob sie ihr Ziel bereits erreicht hätten, verhalten sich anders und werden entsprechende Reaktionen erhalten, die ihr Verhalten bestärken – d. h., es lohnt sich! Ebenso kann es bestärkend sein, hinzuschauen, was man bereits alles erreicht hat, und sich für kleine Schritte oder erreichte Teil-Ziele tatsächlich zu belohnen. Die kleinen Erfolgserlebnisse und somit die sich lohnenden Verhaltensänderungen erhöhen die Wahrscheinlichkeit einer langfristigen Verhaltensänderung und die Motivation, selbst etwas dafür zu tun.

- **Schnecken:** Sie sind so vollkommen anders als wir, was unweigerlich Faszination bei uns auslöst. Sie scheinen in ihrer eigenen Welt zu leben, in ihrem eigenen Tempo. Schnecken sind soziale, in Gruppen lebende und friedliche Tiere. Sie können uns dabei helfen, die konstruktivistische Sichtweise zu veranschaulichen und sie verständlich und bewusst werden zu lassen: Die systemische Haltung basiert auf der Grundannahme des Konstruktivismus, dass es nicht die eine, allgemeingültige Wirklichkeit gibt, sondern dass wir uns unsere (gemeinsame) Wirklichkeit selbst schaffen und sie auch aktiv kreieren und mitgestalten können. Die Schnecke weist uns darauf hin, dass wir achtsam sein und uns Zeit nehmen sollen, die Dinge um uns herum wahrzunehmen und mit Achtsamkeit und Wertschätzung zu beobachten.

Abb. 9: Schnecken

„Ich fragte eine Schnecke, warum sie so langsam wäre. Sie antwortete, dadurch hätte sie mehr Zeit, die Welt zu sehen" (Reus o. A.).

3 Grundlagen des systemischen Ansatzes

Der systemische Ansatz oder auch die systemische Praxis ist nicht auf der Grundlage einer einzelnen Theorie zu verstehen. Vielmehr setzt sich die systemische Denkweise aus verschiedenen Theorien zusammen. Auf lange theoretische Ausführungen soll insgesamt verzichtet werden. Doch ganz ohne theoretischen Hintergrund kommen wir trotz der Praxisorientierung des systemischen Ansatzes leider – oder zum Glück – auch nicht aus. Denn die Arbeit auf der Grundlage systemischen Denken und Handelns beruht schließlich auf wissenschaftstheoretischen Erkenntnissen. Allen Theoretikern und wissenschaftlich Interessierten sei an dieser Stelle gesagt, dass sich ein Blick in das ausführliche Literaturverzeichnis lohnt, denn dort sind viele wertvolle Grundlagenwerke und auch weiterführende Literatur zu den in diesem Buch behandelten Themen zu finden.

Es geht in diesem Buch nicht um die wissenschaftliche Auseinandersetzung mit den einzelnen Theorien und auch nicht um die Vermittlung von vertiefendem Wissen der Systemtheorie, sondern um eine kurzweilige, aber informative Einführung in die Thematik mit Bezug zur Tiergestützten Intervention. Ziel ist es, ein Verständnis des Begriffs *systemisch* zu vermitteln und eine Idee darüber zu erlangen, aus welchen guten Gründen sich der systemische Ansatz so sinnvoll mit der tiergestützten Arbeit verbinden lässt. Daher werden einige wesentliche Aspekte genauer beleuchtet, die aus Sicht vieler Praktiker und Fachkräfte so bedeutungsvoll für die TGI (Tiergestützte Intervention) sind.

Im Rahmen von Fallbeispielen und Praxistipps werden erste einsteigende Methoden und Fragetechniken präsentiert. Die meisten hier vorgestellten systemischen Methoden lassen sich von Fachkräften ganz einfach in die Praxis übertragen und auch ohne große Vorkenntnisse oder systemische Grundausbildung direkt umsetzen. Ein gewisses Hintergrundwissen ist allerdings unbedingt notwendig. Daher wird es in diesem und den folgenden Kapiteln praxisnah veranschaulicht.

Abb. 10: Huhn

Die Systemische Gesellschaft (SG), ein in Berlin gegründeter Verband zur Förderung systemischen Denkens und Handelns, erklärt *systemisch* als einen allgemeinen interdisziplinären wissenschaftlichen Ansatz, der verschiedene Leitgedanken und Denkansätze beinhaltet, die alle den Umgang mit Komplexität gemein haben. Weiterhin führt die SG aus, dass der systemischen Haltung die Annahme des *Selbst-Expertentums* zugrunde liegt (Abb. 10). Das bedeutet, Systemiker gehen davon aus, dass jeder Mensch Experte für sich selbst und seine Lebenswelt ist, wobei die Gesamtheit aller Beziehungserfahrungen des einzelnen Menschen als subjektiv eingeordnete, individuelle Erlebnisse betrachtet werden. In der systemisch-tiergestützten Intervention wird diese Annahme in gleichem Maße auf die Tiere bezogen und spiegelt sich in der Haltung und dem Umgang mit ihnen wider. Im Kontext von Beratung, Pädagogik und Therapie bedeutet dies, dass der Hilfesuchende demnach selbst ein Experte für seine eigenen Fragestellungen und Herausforderungen ist (Abb. 11). Sein subjektives, individuelles Wahrnehmen gründet sich auf seiner Biografie und wird von ihm bestmöglich genutzt (Systemische Gesellschaft o. J.).

Abb. 11: Meerschweinchen

In der systemischen Beratung und Therapie wird zudem davon ausgegangen, dass jeder Mensch bereits über die Ressourcen und Fähigkeiten verfügt, die er für die Lösung seines Problems braucht. Für die systemische

Praxis bedeutet dies, dass der Berater oder Therapeut seinem Klienten hilft, die eigenen Ressourcen und Fähigkeiten wieder zu finden oder neu zu entdecken (Abb. 12). Die Begegnung mit dem Klienten findet dabei auf Augenhöhe und mit viel Wertschätzung, positiver Neugier und Interesse statt, sodass sich der Klient auf dem Weg zu seinem persönlichen Ziel optimal begleitet fühlt, sich dabei aber aktiv und selbstwirksam erlebt. Und das gilt nicht nur für uns Menschen!

> **!** Unsere Tiere lernen und arbeiten besonders freudig und erfolgreich mit uns, wenn wir sie als kompetente Partner behandeln, das Training mit ihnen an ihre Bedürfnisse, Talente und Fähigkeiten anpassen und so gestalten, dass sie sich als aktiv und selbstwirksam erleben.

Abb. 12: Tiere können auf Ressourcen, die Klienten mitbringen, aufmerksam machen.

Was ist der Auftrag? In der systemischen Beratung und Therapie wird auftragsorientiert gearbeitet. Damit ist gemeint, dass zu Beginn eines Beratungs- oder Therapiekontraktes immer die Auftragsklärung steht, die am Anliegen des Klienten ausgerichtet ist. Klienten formulieren zu Beginn einer

Beratung mit der Unterstützung des Systemikers ein Ziel, einen Auftrag. In der systemischen Praxis wird versucht, im Gespräch mit dem Klienten Beschreibungen zu formulieren, die zu Erweiterungen des jeweiligen Blickwinkels der Beteiligten sowie zu mehr Denk- und Handlungsoptionen führen. Es werden somit Bedingungen geschaffen, die es dem Klienten ermöglichen, Ressourcen zu aktivieren und möglichst selbstständig die eigenen Ziele zu erreichen. Die Auftragsklärung ist elementar und kann einige Termine in Anspruch nehmen. Unter Umständen ist mit der Klärung des Auftrags aber auch bereits das Ziel erreicht. Lebensumstände und Beziehungen sind durch das Wechseln der Perspektive und den Einbezug des Systems verständlicher geworden und können in Eigenregie verändert werden. Oft spielen auch mehrere und teils verdeckte Aufträge eine Rolle. Indem diese aufgedeckt und somit sichtbar gemacht werden, können komplexe oder verzwickte Sachverhalte klarer erscheinen. Bestenfalls können Knoten gelöst werden, sodass die Sicht auf das Ziel frei ist und erste Schritte des Lösungsweges gegangen werden können (Abb. 13).

Abb. 13: Schaf

Die Ressourcen- und Zielorientierung ist ein wesentliches Merkmal der systemischen Haltung und Denkweise. Wie bereits beschrieben, geht der Systemiker davon aus, dass der Klient all die Ressourcen mitbringt, die er für die Lösung seiner Probleme braucht – und der Systemiker orientiert sich am Anliegen seines Klienten und erfragt bzw. erarbeitet gemeinsam mit ihm sein jeweiliges individuelles, ganz konkretes – sogenanntes *smartes* Ziel.

EXKURS

Ein Ziel muss **SMART** formuliert sein:

- **spezifisch:** Wie genau sieht das Ziel aus? Was ganz konkret ist dann anders?
- **messbar:** Woran erkenne ich/erkennst du/erkennt jemand anderes, dass du dein Ziel erreicht hast? Wie oft musst du xy geschafft haben, dass du sagen kannst, du hast dein Ziel erreicht?
- **attraktiv:** Was wäre gut daran? Warum würde es sich für dich/für andere lohnen? Mal angenommen, du hättest dein Ziel erreicht, was wäre dann möglich?
- **realistisch:** Auf einer Skala von 1 bis 10, wobei 1 *gar nicht* und 10 *absolut* bedeutet, wie zuversichtlich bist du, dass du dein Ziel erreichst?
- **terminiert:** In welchem Zeitraum musst du xy geschafft haben, dass du sagen kannst, du hast dein Ziel erreicht? Bis wann möchtest du xy sein/haben/können? Wann möchtest du überprüfen, ob du dein Ziel erreicht hast?

Diese Ziel-Formel kommt ursprünglich aus dem Bereich des Projektmanagements und wird wie zuvor beschrieben oder ähnlich in der systemischen und lösungsfokussierten Gesprächsführung meist innerhalb der ersten Sitzungen und zur Auftragsklärung angewandt (Abb. 14).

Schlippe und Schweitzer (2007) beziehen sich bei der konkreten und wohlformulierten Zielklärung auf Walter und Peller (1994):

1. positive Formulierung: Das Ziel muss den Zielzustand beschreiben. Es geht nicht darum, was nicht (mehr) da ist, sondern was stattdessen da ist (wenn z. B. *kein Ärger* der Wunsch ist, geht es darum, herauszufinden, was dann stattdessen da sein soll, z. B. Ruhe/Zufriedenheit/Freude).
2. den Prozess beschreibend: Wie werde ich das Ziel erreichen? Was genau werde ich wann (anders) tun?
3. im Hier und Jetzt: Es geht nicht um eine vage Planung der Veränderung, die irgendwann oder morgen vielleicht beginnen könnte, sondern um die unmittelbare Umsetzung: Was ist der erste klitzekleine Schritt, den Sie in Richtung Ihres Ziels unternehmen werden? Woran werden Sie merken, dass Sie auf dem Weg in Richtung Ihres Ziels sind, wenn Sie gleich nach unserer Sitzung nach Hause gehen?
4. Spezifisch: Wie genau werden Sie das tun? Was genau werden Sie (anders) machen?
5. Kontrollierbar und machbar: Über welche Möglichkeiten verfügen Sie, um Ihr Ziel zu erreichen?
6. Wichtig ist es, in der Sprache des Klienten zu bleiben und die (Schlüssel-) Worte des Klienten zu verwenden.

Oder wie Carmen Kindl-Beilfuß (2012) es beschreibt: den Blick weg vom Problem hin zum Ziel richten bzw. vom Minus ins Plus, also: Was kann weg und was will ich haben?

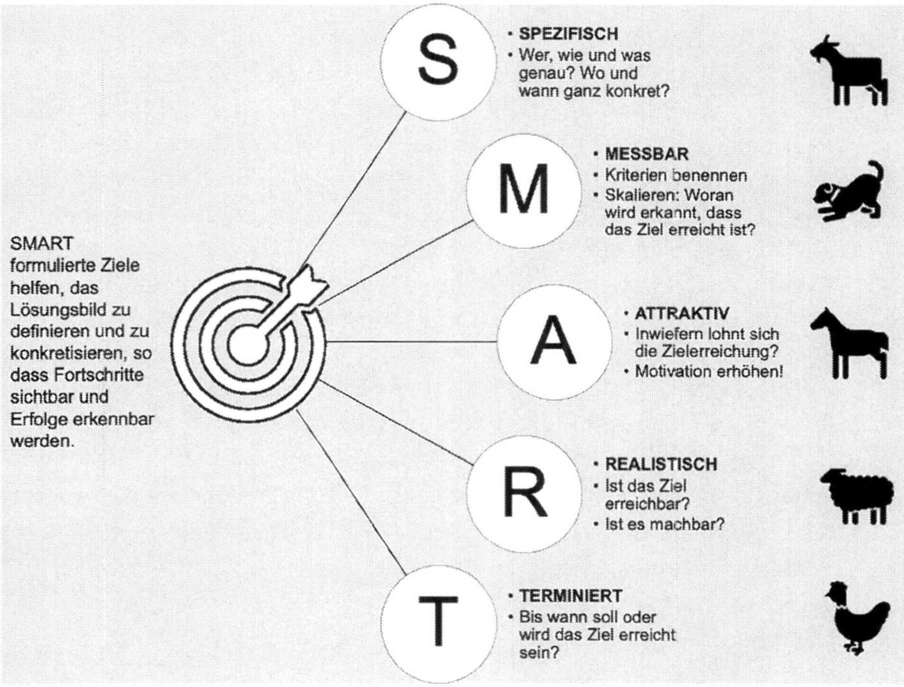

Abb. 14: SMART-Ziele im Überblick

Es geht also nicht darum, Ursachen zu erforschen oder Fehlverhalten aufzuzeigen, also nicht problem- und defizitorientiert zu schauen, sondern lösungs-, ressourcen- und zielorientiert. Der Klient erfährt Anerkennung für bereits Geleistetes und für bisherige Bewältigungsstrategien. Er wird in seinen Äußerungen und (Veränderungs-)Wünschen ernst genommen, wobei der Fokus auf dem tatsächlich Veränderbaren, den vorhandenen Ressourcen, einer zukunftsgerichteten Betrachtung sowie auf der (handlungsweisenden) Selbstbestimmung liegt. Ein Problem wird dabei nicht als etwas betrachtet, das man hat, das einen auszeichnet und auch nicht als etwas, das objektiv existiert, sondern als etwas, das im System durch Interaktion und Kommunikation geschieht. Bei der Betrachtung wird sehr feinfühlig nach den vorhandenen Möglichkeiten im System Ausschau gehalten und nach dem gefragt, was gut funktioniert und nicht nach dem, was nicht funktioniert. Es wird versucht, mit Hilfe von neuen Ideen und Bildern Ansatzpunkte für Lösungen zu finden (Schlippe/Schweitzer 2019a).

Die DGSF (Deutsche Gesellschaft für systemische Therapie, Beratung und Familientherapie) definiert als Grundlage jeder systemischen Praxis die gute Zusammenarbeit zwischen Klient und Berater. Ein Merkmal hierfür ist die einladende, motivierende und wertschätzende Haltung des Beraters gegenüber dem (Hilfe-)Suchenden und seinen bisherigen Lösungsversuchen (DGSF o.J.). Zudem stellt die DGSF zur Erklärung des systemischen Ansatzes die Interdisziplinarität deutlich heraus, indem sie betont, dass die systemtheoretische Wissenschaft inzwischen Einzug in alle Bereiche der Naturwissenschaften sowie der Geistes- und Sozialwissenschaften erhalten hat. Auch wenn die systemische Haltung im Wesentlichen ressourcenorientiert und lösungsfokussiert ausgerichtet ist, beschäftigt sie sich dennoch selbstverständlich auch mit diagnostischen Methoden und psychischen Störungen – obgleich der Systemiker diese anders betrachtet als andere psychotherapeutische Verfahren und Richtungen. Bei der Arbeit mit Menschen mit psychischen Erkrankungen setzt die systemische Arbeit einen Schwerpunkt auf die Betrachtung der Wechselwirkungen zwischen der *Funktion* der Erkrankung und den psychosozialen Lebensumständen des Betroffenen. Symptome können *benutzt* werden, um alte, festgefahrene Verhaltensweisen und Beziehungsmuster zu stabilisieren.

Der Klient bzw. der Mensch an sich wird nie einzeln, sondern immer als Teil eines bzw. mehrerer Systeme gesehen, die von interaktionalen Beziehungen geprägt sind und somit Wirkung auf das eigene Verhalten ausüben – andersherum kann der Klient jedoch ebenso durch sein Verhalten, also seine Handlung das System verändern (Abb. 15). Das bedeutet mit anderen Worten, die Beziehungen zu Familie, Schule, Beruf und anderen wichtigen

Abb. 15: Schaf

Bezugssystemen werden mit in den Blick genommen. Denn unser Verhalten beeinflusst auch immer das Verhalten anderer – und umgekehrt – vergleichbar mit einem Mobilé (oder einer Schafherde, Kap. 2): Wenn wir uns als ein Teil des Mobilés bewegen, reagieren auch immer die anderen Teile. Daher macht es systemisch gedacht Sinn, alle wichtigen Bezugspersonen mit in die Gespräche einzubeziehen – dies kann in Form von Mehrpersonensettings, Familien- oder Paargesprächen stattfinden, aber ebenso auch im Einzelsetting durch das Anwenden bestimmter Methoden und Kommunikationsmuster. Beim Blick auf das gesamte System wird jedoch der Einzelne mit seinen individuellen Anliegen, Wünschen und Bedürfnissen nicht außer Acht gelassen – im Gegenteil. Hier wird der systemisch-konstruktivistische Ansatz deutlich, denn es geht darum, Wirklichkeit zu schaffen (Abb. 16). Nonverbal, verbal, aktiv und reaktiv kommunizieren wir und definieren somit permanent Interaktionsprozesse. Durch das Erleben individueller Herausforderungen und Probleme sind wir auch in sozialen Kontexten geprägt. Wir rekonstruieren intrapsychisches Erleben innerhalb weiterer Interaktionen. Dies kann zu Mustern oder auch – durch das Erkennen dieser Konstruktionen – zu kognitiven Veränderungen führen. Da der erkenntnistheoretische Ansatz des Konstruktivismus sowie der soziale Konstruktionismus höchst spannende Verbindungspunkte zur Sinnhaftigkeit tiergestützter Arbeit darstellen, werden wir dieser Thematik ein eigenes Kapitel widmen (Kap. 3.5).

Ähnlich verhält es sich mit dem Begriff *Muster*. Dieses Wörtchen ist nicht zufällig bereits öfter gefallen, denn es weist auf einen weiteren wesentlichen Aspekt im systemischen Denken hin: Dem Systemiker geht es nicht darum, zu ergründen, wie oder weshalb bestimmte Verhaltens- oder Kommunikationsmuster entstanden sind und vor allem nicht darum, sie zu erhalten. Die systemische Frage lautet in diesem Fall eher: Wozu ist die Aufrechterhaltung eines Musters gut? Wer hat was davon? Wer noch? Wer hält

Abb. 16: Schnecke

es aus welchem guten Grund aufrecht? Welche Hypothesen lässt dies zu? Und damit sind wir bereits mittendrin im systemischen Denken – Muster, Kommunikation, Beziehungen, Annahme des guten Grundes, Hypothesen, zirkuläre Fragen …

Auf der Grundlage der bereits dargelegten Ausführungen zum systemischen Ansatz wird nun im Folgenden der Bogen zur Tiergestützten Intervention gezogen, um anschließend näher auf die genannten systemischen Begrifflichkeiten im Rahmen tiergestützter Settings einzugehen.

3.1 Die Verbindung systemischer und tiergestützter Interventionen

Der systemische Ansatz hat seinen Ursprung in der Familientherapie, findet aber heute in allen sozialen, pädagogischen und therapeutischen Bereichen und auch darüber hinaus statt, nämlich überall da,

> „wo es um soziale Systeme geht, in denen Menschen intensivere Beziehungen entwickelt haben, die für sie von persönlich hoher Bedeutung sind und die sich auf ihr Lebensgefühl und ihre persönliche Entwicklung auswirken" (Schlippe/Schweitzer 2019/b, 21).

Der systemische Blick ist gerichtet auf das System kommunikativer Interaktionen. Je nachdem, wie gut oder schlecht die interaktive Kommunikation funktioniert, so gut oder schlecht gelingt die Problembewältigung im System. Anhand dieser Beschreibungen lassen sich gleich mehrere Zusammenhänge zur tiergestützten Intervention herstellen.

Abb. 17: Schaf

TGI findet im sozialen Miteinander statt – und mehr noch: TGI erzeugt ein soziales Miteinander – und dies sogar gleich auf mehreren Ebenen – verbal und nonverbal – in interindividueller und interspezifischer Beziehung (Abb. 17)!

Die emotionale Komponente wird angesprochen. Menschen können zu Tieren sehr intensive Beziehungen entwickeln – und auch umgekehrt. Eine vertrauensvolle Beziehung oder enge Bindung zu Tieren wird meist schneller aufgebaut als zu Menschen. Dies lässt sich evolutionär begründen: Das Leben im Beisein und im Miteinander von Mensch und Tier, selbst wenn es nur nebenbei und gar nicht bewusst passiert, hat uns schon vor tausenden von Jahren Vorteile erbracht und tut dies bis heute – insbesondere dann, wenn wir bewusst achtsam und im Einklang mit unserer natürlichen Umwelt leben. Studien zu Effekten von Mensch-Tier-Beziehungen konnten eine vertrauensfördernde Wirkung bei der Begegnung von Menschen belegen, wenn sie in Begleitung eines freundlichen Haustieres waren. Der Mensch, der mit seinem Tier auftritt, erhält demnach einen Vertrauensvorschuss, der für den Berater oder Therapeuten von großem Nutzen, vor allem im Erstkontakt, mit Klienten sein kann (Julius et al. 2014). Zudem werden – wie die Ergebnisse mehrerer Studien vermuten lassen – unsichere Bindungsmuster in der Regel nicht auf Tiere übertragen, woraus sich für den Klienten die Möglichkeit ergibt, neue Bindungsmuster zu entwickeln, die er im besten Falle später auch auf zwischenmenschliche Interaktionen übertragen kann (Beetz 2021). Namhafte Wissenschaftler auf dem Gebiet der tiergestützten Intervention, v. a. Andrea Beetz et al. (2021), schenken dieser Annahme bemerkenswerte Anerkennung, da sie für eine Vielzahl von pädagogischen und therapeutischen Interventionen einen sehr bedeutsamen Gewinn impliziert: Internale Bindungsmuster unsicher gebundener Menschen erschweren den Aufbau einer vertrauensvollen Beziehung zwischen Therapeut oder Pädagoge. Eine sichere Bindung zu einem Tier, das den Interventionsprozess begleitet, kann den Aufbau einer angemessenen zwischenmenschlichen Beziehung hier unterstützen – vorausgesetzt es besteht eine sichere Bindung zwischen Mensch und Tier (Wohlfahrth/Mutschler 2020).

In der systemischen Praxis spielt das Interaktionssystem eine bedeutende Rolle, in dem die Kommunikation entscheidend für den Umgang mit Problemen, der Bewältigung von herausfordernden Situationen oder Krisen und deren Lösung ist.

Tiere kommunizieren auf unterschiedlichen Ebenen mit uns: ganzheitlich, die Sinne ansprechend, auffordernd und anregend (Abb. 18). Durch die analoge Kommunikation wird unsere Gefühlsebene angesprochen, und wir fühlen uns intuitiv verstanden. Tiere laden zu Interaktionen ein und zwar auf eine ganz natürliche Weise, die uns selbst zu unseren evolutionären Wurzeln führt und uns bewusst wahrnehmen, innehalten und vor allem authentisch sein lässt (Wohlfahrth/Mutschler 2020).

Abb. 18: Schnecke

EXKURS

Als **Du-Evidenz** wird die Tatsache bezeichnet, dass interspezifische Beziehungen auf gleicher Ebene und in ähnlicher Weise möglich sind wie intraspezifische Beziehungen. Die Beziehung zum Tier wird vom Menschen subjektiv als gleichwertig zu anderen zwischenmenschlichen Beziehungen angesehen, ebenso wie das Tier selbst gleichgestellt wird mit z. B. Familienmitgliedern. Am deutlichsten erkennbar ist das Vorhandensein von Du-Evidenz daran, dass dem Tier ein Name gegeben wird. Eine subjektiv als partnerschaftlich empfundene Mensch-Tier-Beziehung ist vor allem mit Tieren möglich, die uns Menschen in ihren Bedürfnissen, in ihrem Verhalten ähnlich sind, wie dies vor allem der Fall bei Tieren ist, die ebenso wie wir Menschen in sozialen Verbänden leben (Vernooij/Schneider 2010). Der Mensch stellt sich also in der Interaktion auf gleiche Ebene mit seinem Gegenüber, dem Tier. Er nimmt es als *Du* wahr, als Partner, als Kamerad, als Gefährte, als vertrauten Freund. Zumindest, was den Aspekt des Vertrauens betrifft, muss dieses Erleben und Empfinden auch vom Tier ausgehen, denn ohne bedingungsloses Vertrauen seitens des Tieres wäre eine freundschaftliche intensive Beziehung zwischen Mensch und Tier nicht möglich.

Diese Tatsache kann in der pädagogisch-therapeutischen Arbeit sehr wertvoll sein, da durch die Anwesenheit des Tieres bereits eine vertrauensvolle Atmosphäre geschaffen wird, auf die aufgebaut werden kann. Das Tier wird vom Klienten als Freund betrachtet, als Gleichgesinnter, als Spielpartner, als vertrauensvoller, guter Zuhörer (Abb. 19).

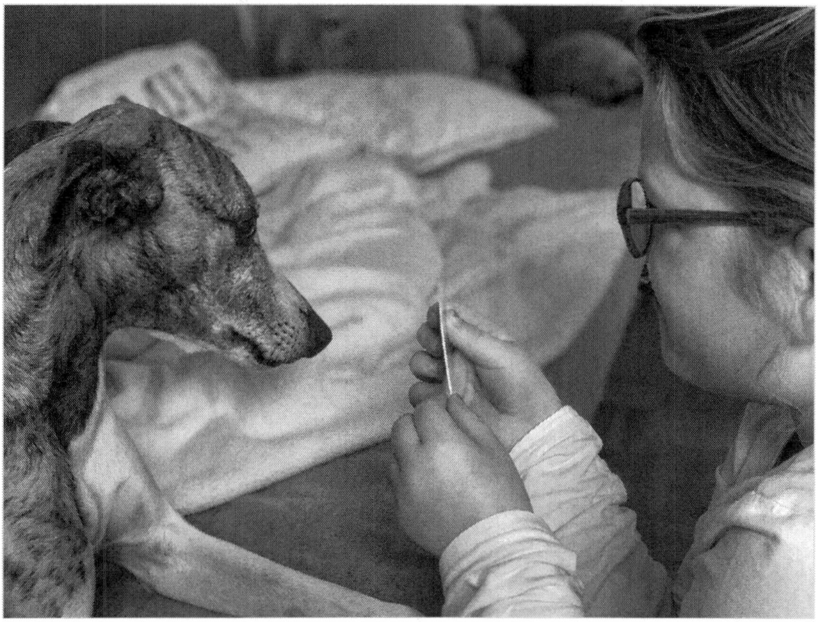

Abb. 19: Das Mädchen hat sich im Rahmen einer tiergestützten systemischen Intervention für eine Karte entschieden und bezieht Begleithund Fiete in ihre Entscheidung mit ein.

Häufig festgefahrene Kommunikationsstrukturen, unausgesprochene Selbstverständlichkeiten, Missverständnisse und Unwahrheiten oder Lügen werden in digitaler Form, d. h. durch Sprache und Worte, zum Ausdruck gebracht.

Tiere durchbrechen typische menschliche Kommunikationsmuster. Sie ermöglichen das Kennen- und Schätzenlernen neuer Kommunikationsformen, indem sie uns zu bewusster nonverbaler, analoger Kommunikation auffordern. Diese ist ehrlich bzw. authentisch und ermöglicht dadurch eine direkte Rückmeldung auf unser Verhalten und auf das, was wir an Informationen aussenden.

Wie Paul Watzlawicks (Watzlawick et al. 1985, 51) bekanntes Zitat „Man kann nicht nicht kommunizieren" darauf aufmerksam macht, dass zwischenmenschlich immer irgendwie Kommunikation stattfindet, so gilt dies ebenso auch für zwischenartliche Begegnungen. Die Kommunikation ist dabei keineswegs einseitig, denn auch ruhende oder von uns abgewandte Tiere teilen uns etwas mit. Dieser wechselseitige interspezifische nonverbale Dialog bildet die elementare Grundlage jeder Mensch-Tier-Beziehung.

„Denn dort, wo sprachliche Kommunikation nicht möglich ist, tritt für die Verständigung das sonstige Verhalten der beiden Partner in den Vordergrund" (Vernooij/Schneider 2018, 17).

Und dies ist es, was so wertvoll ist und was wir uns in unserer Arbeit mit Menschen und Tieren zu Nutze machen können und ja vielleicht sogar sollten, bei jeder sich bietenden Gelegenheit.

Als Klient kann ich dieses nichtsprachliche, dialogische Geschehen unmittelbar erfahren, als Berater/Therapeut kann ich diese Erfahrung beobachten, spiegeln, rückmelden, benennen, in Worte fassen, d. h. versprachlichen und gemeinsam mit dem Klienten aus unterschiedlichen Perspektiven (auch aus denen des Tieres) reflektieren und so *selbst-bewusst* machen.

Tiere öffnen Türen zu den verborgenen Schätzen in uns, sie machen Unsichtbares sichtbar, Unbewusstes bewusst. Tiere begleiten uns in unseren Entwicklungsprozessen und tragen mit ihren vielfältigen, artspezifischen kommunikativen Möglichkeiten, mit denen sie mit uns in Interaktion treten, zum Aufbau und zur Stabilisierung unserer Persönlichkeit bei (Vernooij/Schneider 2018). Das bedeutet, wir können von den Tieren lernen, einen anderen Blick auf uns und unser (Interaktions-)System zu bekommen. Wir können sie nutzen, um durch Beobachtung, Interpretation und Verbalisierung eine *Brücke* zu unbewussten Prozessen zu schaffen, durch eine Art *Brille* zu schauen, mit deren Hilfe wir alternative Verhaltensstrategien sichtbar und möglich machen können.

In der systemischen Beratung und Therapie geht es im Wesentlichen darum, den Menschen in seiner Kommunikation mit anderen zu unterstützen, aber auch mit sich selbst, indem er sich selbst beobachtet und aus anderen Perspektiven wahrnimmt. Arist von Schlippe und Jochen Schweitzer (2019a) verweisen in diesem Zusammenhang auf den Begriff der Selbstreferenz. Man wird zum Beobachter von sich selbst und schafft sich durch diese neue Sicht der Dinge erweiterte Interaktionsmöglichkeiten. Dies geschieht vor allem dadurch, dass man sich seines eigenen Beitrags zum Geschehen bewusst wird, dass man es selbst in der Hand hat und die Verantwortung für sein eigenes Handeln trägt. Besonders deutlich und oftmals auch leichter wird dies, wenn die Beobachtungen anderer, sogenannter Fremdreferenzen hinzugezogen werden (Schlippe/Schweitzer 2019a). Da Tiere mit uns Menschen analog, d. h. nonverbal kommunizieren, lesen sie unsere Körpersprache meisterhaft und geben uns darauf Rückmeldungen durch ihr Verhalten. Wenn wir die Tiere beobachten und mit Hilfe von fachlicher Anleitung ihr Verhalten interpretieren und deuten können, bekommen wir dadurch die Möglichkeit, uns selbst aus Sicht der Tiere zu beobachten – und zwar nicht das, was wir digital, also in Worten sagen, sondern das, was wir wirklich mitteilen (Abb. 20).

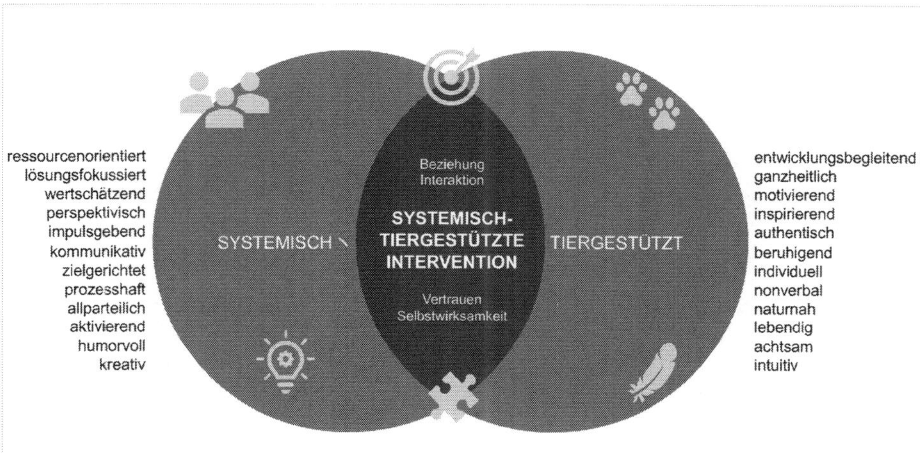

Abb. 20: Grafische Darstellung über Verbindungsaspekte systemischer und tiergestützter Interventionen

FALLBEISPIEL

Tiere ermöglichen Begegnungen mit uns selbst. Ein *ziemlich cooler* Viertklässler begegnete im Rahmen einer Einzelförderung zum ersten Mal meinen fünf Kamerunschafen. Der im Allgemeinen eher introvertierte Junge mit geringer Frustrationstoleranz und Neigung zu körperlich aggressivem Verhalten sowie ernstem und depressivem Gesichtsausdruck strahlte über das ganze Gesicht und wirkte in der Begegnung mit den Schafen völlig gelöst.

Er agierte, anscheinend aus seiner kindlichen Intuition heraus, äußerst behutsam und war sehr darauf bedacht, die Leckerlis fair zu verteilen. Er wies die Aufdringlichen sanft, aber bestimmt zurück und motivierte die Zurückhaltenden mit angemessenem Enthusiasmus.

Er setzte sich auf die Weide, kommunizierte so im wahrsten Sinne des Wortes auf Augenhöhe mit den Schafen. Er atmete tief durch die Nase ein und nahm die intensiven Gerüche wahr, die er auf seine ganz eigene Weise subjektiv assoziierte: „Die Schafe duften nach Vanille und das Heu riecht nach Rosinen!"

Der Junge erfuhr sich selbst im Rahmen dieser systemisch angeleiteten TGI als wertvoll und selbstwirksam, er traute sich selbst etwas zu und indem er den Mut der Schafe belohnte, bestärkte er sich ebenso selbst. Er lernte im Umgang mit den Schafen, seine eigenen sowie die Bedürfnisse anderer wahrzunehmen und zu berücksichtigen. Ganz nebenbei ging es in dieser ersten Interaktion mit den Schafen um ein angemessenes Nähe- und Distanzverhalten, um Übung in Zurückhaltung und Geduld und darum, das eigene Verhalten in Bezug auf die Reaktionen des jeweiligen Gegenübers zu adaptieren.

In der Begegnung mit meinen Kamerunschafen bilden Aufbau und Gewinn eines gegenseitigen Vertrauens die grundlegende Basis, die für die weitere Arbeit mit den Klienten genutzt werden kann. Neben neuen Sinneserfahrungen hatte der Junge bereits bei diesem ersten Kontakt die Chance, ungeahnte Fähigkeiten bei sich zu entdecken, die ihn mit Stolz erfüllten.

Im anschließenden Reflexionsgespräch gelang er zu einer Erkenntnis:

J:„Ich glaube, ich weiß, warum die Schafe immer zusammen bleiben … Weil sie sich dann sicher und geschützt fühlen."

CD:„Hmm. Was denkst du, was man von den Schafen noch lernen kann?

J: „Dass sie immer zusammen bleiben und wenn die anderen weitergehen, geht auch das letzte Schaf mit und bleibt bei der Gruppe."

CD:„Das hast du gut beobachtet. Was noch?"

J:„Und dass man sich etwas trauen kann."

CD:„Stimmt. Du warst auch sehr mutig. Stell dir mal vor, die Schafe würden zusammen spielen und du wärst eins von den Schafen. Wie würdest du dich verhalten, wenn du mal abseits von den anderen wärst?"

J:„Ich würde wieder zur Gruppe laufen."

CD:„Und was wäre dann?"

J:„Ich würde bei der Gruppe bleiben und mitmachen."

Der Junge hatte damit genau sein Thema, das ihn beschäftigte und ihn im sozialen Miteinander immer wieder vor größte Herausforderungen stellte, angesprochen. Bisher hatte er dafür jedoch keine Worte finden können bzw. sah er sich nicht in der Lage, darüber zu sprechen. Die Interaktion mit den Tieren ermöglichte ihm einen Zugang zu seinen Befindlichkeiten, Sorgen, Ängsten und Schwierigkeiten. Darüber hinaus gelang es ihm, diese verbalisieren zu können – und zwar wertfrei und ohne unangenehmes Aufdecken von Schwächen, sondern durch Aufzeigen von Fähigkeiten und Verhaltensweisen, die sich als lohnenswert für ihn herausstellten. Er entdeckte seine Stärken, trainierte ein neues oder alternatives Verhalten – wobei der erste Schritt in dem *So-tun-als-ob* bestand.

Dass dieses systemisch-tiergestützte Setting auch nachhaltig wirksam war, zeigte sich einige Tage später, als der Junge in einer Gruppenaktion mit anderen Kindern wütend war, weil das Spiel nicht nach seinen Vorstellungen verlief. Er fiel zwar zunächst in seine alten Verhaltensgewohnheiten, verließ die Situation und verweigerte die weitere Teilnahme an der Gruppenaktion. Doch dann erinnerte ich ihn an seine Erfahrungen mit den Schafen und fragte: „Was würde ein Schaf an deiner Stelle jetzt tun?" Daraufhin entspannte sich seine Mimik, er lächelte leicht, ging ohne ein weiteres Wort zurück zur Gruppe und nahm am weiteren Geschehen teil.

3.2 Das Joining

Für den Einstieg in ein Setting ist das sogenannte Joining wesentlich. Dabei geht es darum, eine angenehme und vertrauensvolle Atmosphäre zu schaffen, in der der Klient – und ebenso das Tier – sich wohl, sicher und geschützt fühlen, um frei und möglichst den eigenen Bedürfnissen entsprechend agieren zu können.

Im dargestellten Fallbeispiel von dem Jungen bei den Schafen wird die angenehme Atmosphäre durch das natürliche Umfeld der Tiere, draußen auf der Weide, gestaltet. Die Sinne werden auf verschiedenen Wahrnehmungsebenen angeregt. Vertrauensvoll für beide Seiten wird die Atmosphäre durch eine respektvolle und behutsame Annäherung – und nicht zuletzt natürlich auch durch das vorangegangene Training der Tiere und die Anwesenheit der für Klient und Tier vertrauten Bezugsperson. Es geht beim Joining vor allem darum, Beziehung herzustellen. Dies geschieht gleichermaßen durch nonverbale (analoge) und verbale (digitale) Kommunikation, was wichtig für eine ganzheitliche Beziehungsgestaltung ist (Olbrich 2003). Authentizität spielt hier eine große Rolle. Sie ist ein wesentlicher Faktor für gelingende soziale Interaktion und soziales Verhalten. Authentisch sein kann nicht nur für das eigene Selbstkonzept und für die eigenen Bewältigungsstrategien bei Herausforderungen eine nützliche Ressource sein, sondern auch im Umgang mit anderen (Abb. 21). Denn wenn ein Mensch sich annehmen kann – mit all seinen Stärken und Schwächen, erfährt er auch von seinen Mitmenschen eher Akzeptanz. Wir reagieren auf authentische, ehrliche Menschen mit mehr Offenheit, da wir sie als in sich stimmiger erleben. Diese in sich stimmige Form der Kommunikation ermöglicht,

„dass eine Person sich selbst einfach und wahr erfahren und sich einfach und wahr mit ihrem Gegenüber austauschen kann" (Olbrich 2003, 87).

Und genau hier liegt ein wesentlicher Anteil des hohen therapeutischen Nutzens der Mensch-Tier-Interaktion. Denn unsere Tiere sind Meister im Deuten der menschlichen Körpersprache und noch dazu sehr empfänglich für Stimmungen. Diese wahrgenommenen Stimmungen können unsere Tiere uns im Einsatz mitteilen, vorausgesetzt wir als Fachkraft verfügen über die entsprechenden erforderlichen Kompetenzen, unsere Tiere lesen zu können.

Abb. 21: Hase/Kaninchen

FALLBEISPIEL

Tiere geben auf sehr annehmbare Weise direkte Rückmeldung auf unser Verhalten. Ein besonderer Wert in der relativ freien Begegnung und Interaktion mit Tieren in ihrem natürlichen Umfeld liegt in der direkten Rückmeldung auf *falsches* bzw. unhöfliches Verhalten und der nahezu gleichzeitigen direkten Bestätigung *korrekten* bzw. höflich angemessenen Verhaltens. Als ein sehr aktiver und bewegungsfreudiger Junge zum ersten Mal meine Kamerunschafe besuchte, lief er voller Vorfreude direkt auf die Schafe zu, die ebenfalls voller Vorfreude auf Leckerlis blökten. Doch dieser schnelle, frontale *Angriff* löste zunächst einmal das instinktive Fluchtverhalten der Herde aus. Der Junge blieb unmittelbar und ebenso sichtlich irritiert wie beeindruckt stehen – die Schafe ebenfalls. Der Junge bewegte sich nun ruhiger, langsamer, abwartend beobachtend – die Schafe auch … Und so näherten sie sich gegenseitig an, um sich anschließend auf eine höfliche Art kennenzulernen.

Der Junge im Fallbeispiel macht die Erfahrung, dass er von der gesamten Schafherde so angenommen wird, wie er ist. Tiere können im Erstkontakt als *Türöffner* fungieren. Ihre Anwesenheit, die Begegnung mit ihnen, das Reden über oder mit dem Tier bricht das Eis zwischen Klient und Fachkraft und stellt eine vertrauensvolle Atmosphäre her, die den Einstieg in das Setting erleichtert. Insbesondere Menschen, für die der Aufbau und die Gestaltung einer Beziehung eine Herausforderung darstellt, können von einem tiergestützten Setting profitieren und sind eher bereit, sich darauf einzulassen (Ladner/Brandenberger 2020).

Dieses Phänomen tritt unabhängig vom eigentlichen Setting auf und kann somit in allen pädagogischen, therapeutischen Kontexten sowie im Coaching und in der Beratung nützlich sein.

Interspezifische Kommunikation geschieht nahezu ausschließlich auf analoger Ebene. Tiere nehmen unsere Körpersprache wahr – unabhängig davon, was wir sprachlich, also digital, mitteilen – und reagieren unmittelbar darauf. Im tiergestützten Setting nimmt ein Klient zunächst nonverbal Kontakt zum Tier auf. Der Junge aus dem Fallbeispiel nähert sich langsam an und beobachtet das Verhalten der Schafe und ihre Reaktionen auf sein Verhalten genau und bekommt dadurch Rückmeldung auf seine Wirkung und seine körpersprachlichen Mitteilungen. Diese zunächst ausschließlich nonverbale und anfangs eher einfache Form der Interaktion nimmt in der Begegnung weiter zu, differenziert sich aus und wird schließlich auch durch Sprache, also digitale Kommunikation, ergänzt. Die jeweils eigene Befindlichkeit kann durch den nicht-sprachlichen Ausdruck von Emotionen mitgeteilt werden. Das, was zunächst nur in der Interaktion zwischen Klient und Tier geschieht, kann mit der Zeit auf zwischenmenschliche Kommunikation und Interaktion übertragen werden (Olbrich 2003). An dieser Stelle kommen systemische Interventionen ins Spiel. Eine der wichtigsten Techniken systemischen Arbeitens, auf die später noch genauer eingegangen wird, ist das Fragenstellen (Kap. 4.1). Systemiker sind neugierig, wollen es ganz genau wissen und verhelfen dem Klienten so, sich selbst Antworten zu geben. Da es leichter ist, Fragen über andere zu beantworten als über sich selbst, ist ein Einstieg mit Fragen zu dem Tier bzw. den Tieren sehr hilfreich. Über die Fragen und das Reden über die Bedürfnisse, Eigenschaften des Tieres kann ein Bezug zur Lebenswelt des Klienten und seinen Bedürfnissen hergestellt werden.

Die folgenden Praxistipps können an ein gutes Joining anknüpfen und für die Gestaltung eines ersten tierisch-systemischen Settings genutzt werden.

TIPP

Diese Methode eignet sich besonders für die Arbeit mit Kindern, aber auch Erwachsenen kann sie den Einstieg in das systemisch-tiergestützte Setting erleichtern.
Zunächst wird über die Befindlichkeiten, Wohlfühlorte und Bedürfnisse der Tiere gesprochen. Dadurch lernen die Klienten nicht nur die Tiere kennen und haben Zeit, Vertrauen aufzubauen. Es fällt auch leichter, über die eigenen Bedürfnisse und Befindlichkeiten zu sprechen, wenn sie zuerst bei den Tieren benannt, akzeptiert und wertgeschätzt wurden:

- Welche Bedürfnisse des Tieres müssen erfüllt sein?
- Was braucht es zum Leben?
- Was braucht es zum Glücklichsein?
- Welche Bedürfnisse hast du?
- Was brauchst du?
- Was brauchst du, damit es dir gut geht?

Zudem steht der Klient hier nicht im Fokus und die gemeinsame Aufmerksamkeit wird auf das Tier gerichtet. Dies erleichtert den Gesprächseinstieg, stellt eine angenehme Atmosphäre her und schafft Vertrauen, auch zum Berater bzw. Therapeuten.
Es kann als kurze Einstiegsübung genutzt werden, aber auch tiefergehend angewandt werden, indem bspw. dazu angeregt wird, ganz bewusst mit allen Sinnen wahrzunehmen.
Mit Kindern kann zunächst ein Bild vom Lieblingsort des Tieres gemalt werden und im Anschluss daran ein Bild vom eigenen Wohlfühlort. Hier würde sich auch die Übung aus der Traumapädagogik zum *Sicheren Ort* (Reddemann 2001) eignen. Ebenso können kleine Achtsamkeitsübungen hier gut Anwendung finden.
Beim Training mit den Tieren kann über die Fähigkeiten und Talente der Tiere der Übertrag zu den eigenen Stärken und Ressourcen geschaffen werden. Darüber wird das Sprechen über Ziele erleichtert:

- Wozu wäre das gut?
- Welchen Nutzen hätte das Tier davon, etwas Neues zu lernen?
- Welchen Nutzen hättest du, wenn du xy kannst?
- Wofür wäre das gut?
- Wer noch hätte was davon?

Folgende weitere Fragen dienen der Inspiration für den Einstieg in ein tiergestütztes Setting:

- Bedürfnisse – Ich brauche:

  - Welche Bedürfnisse des Tieres müssen erfüllt sein?
  - Was braucht es, um zu leben?
  - Was braucht es, um zufrieden zu sein?
  - Womit kann man es glücklich machen?
  - Was ist ihm jetzt gerade wichtig?

  - Was für Bedürfnisse hast du?
  - Was brauchst du, um zu leben?
  - Was brauchst du, damit du zufrieden bist?
  - Was macht dich glücklich?
  - Was ist dir gerade jetzt/heute wichtig?

- Mein Lieblingsplatz:

  - Wo fühlt das Tier sich richtig wohl und sicher?
  - Was macht diesen Ort aus?
  - Was ist dein Lieblingsplatz?
  - Was macht ihn aus?
  - Wann warst du zuletzt dort oder an einem ähnlich schönen Ort, an dem du dich richtig wohl und sicher gefühlt hast?
  - Wenn du dir irgendwo auf der Welt einen Ort aussuchen könntest, an dem du dich richtig wohl und sicher fühlen würdest, wie sähe dieser Ort aus?

- Befindlichkeit – Wie geht's dir?:

  - Wie geht es dem Tier gerade?
  - Wie fühlt sich das Tier wohl gerade?
  - Woran merkst/siehst du das?
  - Wie geht es dir gerade?
  - Welche Gefühle fühlst du gerade? Wie genau fühlt sich das an?
  - Woran merkt/sieht das Tier, wie es dir gerade geht/was du fühlst?
  - Wer bemerkt sonst, wenn es dir so geht wie jetzt? Woran?

- Wahrnehmung – mit allen Sinnen:

  - Was nimmt das Tier gerade alles wahr? Was genau hört, sieht, riecht, spürt es?
  - Was genau nimmst du gerade alles wahr?
  - Was siehst du? Versuche es für jemanden zu beschreiben, der es nicht sehen kann.
  - Was hörst du? Welche Geräusche nimmst du wahr?
  - Was riechst du? Welche Gerüche nimmst du wahr?
  - Woran erinnert dich das?
  - Was spürst du noch?

- Körpersprache – ohne Worte:

  - Woran erkennst du beim Tier, wann es ihm gut geht?
  - Woran erkennst du beim Tier, dass es richtig glücklich ist?
  - Wie ist deine Körperhaltung, wenn es dir gut geht?
  - Woran kann man an deiner Körpersprache erkennen, dass du richtig glücklich bist?

- Kleine Freuden:

  - Womit kannst du dem Tier eine kleine, aber ganz besondere Freude machen?
  - Worüber kann das Tier staunen?
  - Was wäre eine schöne Überraschung?
  - Was glaubst du, wie sehen Glücksmomente für das Tier aus?

  - Was würde dir eine kleine, aber ganz besondere Freude machen?
  - Worüber kannst du staunen?
  - Was wäre für dich eine schöne Überraschung?
  - Wann hattest du deinen letzten Glücksmoment?

- Motivation – Los geht's!:

  - Wie können wir das Tier motivieren?
  - Was motiviert dich?
  - Wie kannst du dich selbst motivieren?
  - Was brauchst du/was ist hilfreich, um etwas zu schaffen?

- Kleine Fluchten – Entspann dich!:

  - Wann und wie ruht das Tier sich aus, um sich zu erholen?
  - Wie kann es sich entspannen?
  - Wann und wie ruhst du dich aus, um dich zu erholen?
  - Wie kannst du dich entspannen?

- Achtsamkeit – Ich achte auf mich!:

  - Wie sorgt das Tier für sich selbst?
  - Wie kann es sich selbst etwas Gutes tun?
  - Wie achtest du auf dich?
  - Wie kannst du dir selbst etwas Gutes tun?
  - Wann war das schon einmal besonders hilfreich?

- Fähigkeiten und Stärken – Ich kann ...!:

  - Welche Fähigkeiten und Stärken entdeckst du beim Tier?
  - Welche Fähigkeiten und Stärken hast du selbst?
  - Wenn wir das Tier nach deinen Fähigkeiten und Stärken fragen könnten, was würde es wohl sagen?
  - Welche Fähigkeit hätte es wohl gerne von dir?
  - Welche Fähigkeit des Tieres hättest du gerne?
  - Wozu wäre das gut?

- Zeit für Neues!:

  - Was könnte das Tier Neues lernen? Wozu wäre das gut?
  - Was hätte das Tier davon?
  - Was könntest du Neues lernen? Wozu wäre das gut?
  - Was hättest du davon? Warum wäre das hilfreich für dich?
  - Mal angenommen, du könntest das schon, was wäre dann anders? Was wäre dann möglich?

Eine ähnliche Einstiegsübung ist auch das Ausfüllen eines gemeinsamen Steckbriefs von Mensch und Tier.

Tierisch-Systemischer Steckbrief

Von: ______________und___________________

Die Stärken des Tieres sind:
Meine Stärken sind:

Besondere Fähigkeiten des Tieres sind:
Meine besonderen Fähigkeiten sind:

Das tut das Tier gerne gemeinsam mit anderen, wenn es ihm gut geht:
Das tue ich gerne gemeinsam mit ___________________, wenn es mir gut geht:

Damit tue ich dem Tier etwas Gutes:
Damit tue ich mir selbst etwas Gutes:

Drei Dinge, die das Tier (noch) nicht gut kann:
Drei typische Probleme von mir:

Folgendes habe ich schon ausprobiert:
+
Wie erfolgreich? :-) ------------------------------- :-(
+
Wie erfolgreich? :-) ------------------------------- :-(
+
Wie erfolgreich? :-) ------------------------------- :-(

So handelt/verhält sich das Tier in einer ähnlichen Situation:

Folgendes davon könnte ich mal ausprobieren:
Das nehme ich mir als Experiment vor:

3.3 Systemisch – Eine Frage der Haltung

Die zentrale Herausforderung für den Systemiker ist es, eine neutrale Haltung gegenüber seiner Klientel zu haben. Neutralität bedeutet nicht nur die Betrachtung von Prozessen aus der Metaebene heraus, sondern vielmehr auch die Wertschätzung jeder einzelnen beteiligten Person. Ein empathischer Umgang mit allen Systemmitgliedern ist Voraussetzung für das Entstehen einer tragfähigen Arbeitsbeziehung. Die Tragfähigkeit der angebotenen Beziehung ist ausschlaggebend für die Höhe des Gewinns für den Klienten. Das individuelle, therapeutische System hat immer eigene Regeln und Dynamiken, die für den Prozess mitverantwortlich sind. So passen wir uns in der Regel fast automatisch und unbemerkt dem Sprachjargon unserer Klientel an (Abb. 22).

Abb. 22: Hase/Kaninchen

Die Authentizität des Therapeuten, seine Neugierde und sein professionelles Handeln sind das Fundament für eine systemische Haltung. Bereits beim Joining haben wir auf den milieutherapeutischen Aspekt verwiesen. Das tiergestützte Setting an sich bietet ungeahnte Vorteile; was in den folgenden Kapiteln detailliert aufgeführt wird.

Grundsätzlich gilt es, die bindungstheoretischen Grundlagen im komplexen Setting zu berücksichtigen. Systemische Therapeuten, Berater oder Pädagogen sind herausgefordert, Bindungserfahrungen unserer Klienten zu beeinflussen. Durch unsere eigene Körpersprache, Mimik, verbale und nonverbale Kommunikation haben wir die Möglichkeit, die Körpersprache, Atmung und Herzfrequenz unserer Klienten in der Form zu verändern, als dass weitere Anregungen intensiver erlebt werden können. Durch unsere Stimmmelodie z. B. können wir dem Klienten zum einen seine eigene Stimme und

Stimmung spiegeln. Und zum anderen können wir das Setting zielführend verändern, indem wir Spannungen abbauen oder auch aufbauen. Wir geben dem Klienten die Möglichkeit, sich besser einlassen zu können, sodass er seine eigenen Gefühle anders erleben und ordnen kann. Unsere ganzheitliche, innere und äußere Haltung ist stets gefragt und immer unter Beobachtung. Dessen sollten wir uns immer bewusst sein.

In gleicher Weise betrifft dies auch das Miteinander mit dem von uns eingesetzten Tier. Die Tiere spiegeln unser Verhalten und auch das der Klienten.

Wenn wir eine Pause brauchen, weil die Konzentration nicht mehr zu hundert Prozent da ist, ein natürliches Bedürfnis sich meldet oder wir durch inhaltliche Themen zu stark involviert sind, kann uns unsere Authentizität sicher helfen. Auch dazu braucht es Haltung. Ebenso gilt es, die individuellen Bedürfnisse unseres Tieres stets gut im Blick zu haben und für ein entsprechendes Setting zu sorgen. Insbesondere das Wohl der eingesetzten Hunde, die mit uns zusammenleben, stellt Anforderungen an uns, die es unmittelbar zu erkennen gilt. Hoftiere (wir nutzen sehr bewusst nicht das Wort Nutztiere) wie etwa Schafe, Kühe, Ziegen oder Esel, haben in der Regel eine höhere Autarkie als unsere Hunde, weshalb ihre Anforderungen an uns andere sind. Daneben gehört völlig unabdingbar auch immer eine wertvolle Beziehung zum Tier. Nur dann kann das Tier ein verlässlicher Partner im therapeutischen Kontext sein.

„Eine solche „Zusammenarbeit" kann nur gelingen, wenn auch außerhalb der therapeutischen oder pädagogischen Situation Zeit und Arbeit in die Beziehung zum Tier investiert wird" (Julius et al. 2014, 191).

In diesem Zusammenhang ist es uns wichtig, das therapeutische Dreieck, das in der Literatur häufig verwendet wird, zu ergänzen.

Durch den Einbezug des Tieres wird aus der dyadischen Beziehung zwischen Therapeut und Klient eine Triade. Ist der Therapeut selbst kein Tierhalter, kann er seine Arbeit bspw. auch mit einem Therapiebegleithundeteam ergänzen. Wohlfarth und Mutschler sprechen vom „Diamanten-Ansatz": die Triade wird durch den Hundeführer bzw. Tierhalter erweitert (Wohlfarth/Mutschler 2022, 173 ff.).

Wir erleben unsere Klienten immer kontextabhängig. Der Klient wird nie einzeln, sondern immer als eingebunden in sein Bezugssystem betrachtet. Auch das Tier bringt sein eigenes Bezugssystem mit ein. Und auch wir sind in unser System eingebunden. Wenn wir nun ein tiergestütztes Setting anbieten, sollten wir stets und allparteilich die verschiedenen Systeme im Blick haben und diese in Bezug auf und in Wechselwirkung mit dem Kontext sehen, in dem wir uns jeweils aktuell bewegen, begegnen und interagieren (Abb. 23).

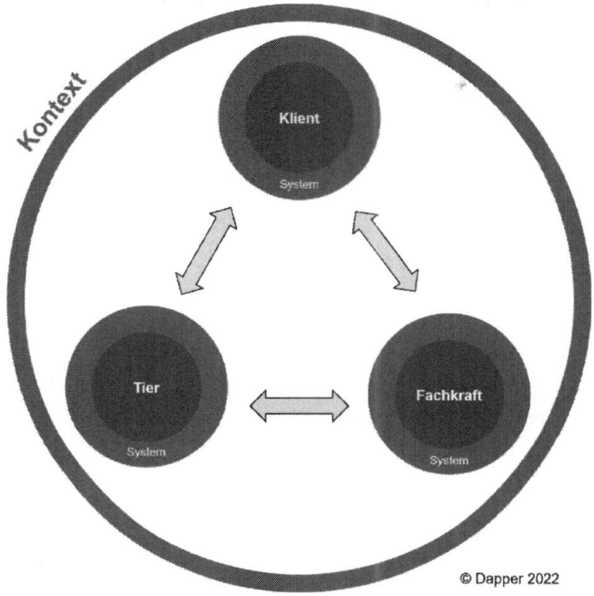

Abb. 23: Die Einflüsse der jeweiligen Systeme und die Berücksichtigung des Kontextes im therapeutischen Setting sind maßgeblich am Verlauf der Therapie/Intervention beteiligt.

Selbstverständlich haben wir zu einzelnen Personen mehr Empathie als zu anderen. Sicher haben auch wir gute und weniger gute Tage – dies gilt es im Arbeitsprozess jedoch gekonnt in den Hintergrund zu stellen. Eine fundierte Ausbildung zum systemischen Berater, Coach, Supervisor oder Therapeuten halten wir für maßgeblich, um genau diese Kompetenzen zu üben. Denn hier geht es nicht nur um reinen Wissenserwerb, sondern auch um Persönlichkeitsentwicklung. Und da sind wir schon wieder bei der Haltung.

Haltung entwickelt sich. Professionelle Haltung entsteht durch die Auseinandersetzung mit der eigenen Biografie, der eigenen Rolle in der Familie, durch Selbsterfahrung. So gelingt uns Eigenreflexion und Entwicklung. Diese Entwicklung ist nötig für unsere neutrale und wertschätzende Haltung. Sicher kann eine wertschätzende Grundhaltung in massiv konfliktbehafteten Systemen auf eine harte Probe gestellt werden. Bei Kindeswohlgefährdung, körperlichen Übergriffen, o. Ä. gilt es, sich zu positionieren und zu schützen. Gleichzeitig sind wir bemüht, nur das Verhalten des Aggressors zu bewerten und nicht seine Person als solche. Gelingt uns das, können wir auf eine stabile, vertrauensvolle Haltung stolz sein. Dies trägt dazu bei, den Prozess weiter begleiten zu können.

In der Arbeit mit Familien oder auch Teams ist darüber hinaus die Allparteilichkeit gegenüber allen Personen eines Systems die Grundvoraussetzung für zielführende Prozesse.

Der Berater baut zu jeder Person eine Beziehung auf, die es ihm ermöglicht, individuelle Lebensräume nachvollziehen zu können und somit alle beteiligten Personen im Blick zu haben. Seine Neugierde und sein Interesse an den individuellen Wirklichkeiten sind ausschlaggebend für die Entwicklung des Systems.

Die Fokussierung kann hier wechseln und der Berater kann mit allen Schulterschlüsse bilden. So können während eines Settings verschieden dichte Beziehungen zu mehreren Personen hergestellt werden. Dies führt zu einer gesteigerten Empathie zwischen den Beteiligten. Die neutrale Allparteilichkeit weckt gegenseitiges Interesse an individuellen Herausforderungen.

Durch zirkuläre Fragen werden Interaktionsregeln aufgebrochen und es entstehen neue Blickfelder. Verhaltensweisen können verändert interpretiert werden und schaffen Transparenz. Durch die Haltung des Systemikers werden neue Spielfelder aufgezeigt, Muster unterbrochen und gesteigerte Lebensfreude hervorgerufen.

Abb. 24: Schnecke

Ein weiterer, wichtiger Aspekt ist die Psychohygiene (Abb. 24). Wir denken an dieser Stelle an eine ausgewogene Work-Life-Balance, die auch für systemisch-tiergestützt arbeitende Menschen nicht leicht zu halten ist. Ganz im Gegenteil: Die Gefahr zunächst die Tiere bestens zu versorgen, bevor wir selbst etwas Leckeres auf dem Teller haben, besteht immer. Das kann zur Folge haben, dass ein Arbeitstag regelmäßig mehr als zwölf Stunden hat. Hier ist wieder die professionelle Haltung gefragt, die auch eine realitätsnahe Handlungsplanung beinhaltet.

Diese Handlungsplanung betrifft ebenso die Lösungsorientierung innerhalb der systemischen Therapie. Alle Interventionen sind lösungsorientiert und richten sich nach den Ressourcen der Klienten. Der Systemiker sollte immer weniger hart arbeiten als der Klient und sich an dessen Tempo und Veränderungsbereitschaft orientieren. Das Wohlergehen des Tieres steht natürlich auf gleicher Ebene.

TIPP

Der Einsatz der **Wunderfrage**, die durch Steve de Shazer und Insco Kim Berg (2020) bekannt wurde, ist hier von großem Nutzen.
Durch neuronale Veränderungen können wir lernen. Neurogenese bedeutet, dass sich Nervenzellen neu gebildet haben. Unser Gehirn kann angeregt werden, sich neu zu strukturieren, wenn wir es anders nutzen, beanspruchen und anregen. Unser Handlungsrepertoire wird erweitert und wir erleben uns kohärenter.
Die Wunderfrage lädt ein in ein Leben ohne Probleme. Durch sehr bildhaftes Beschreiben laden wir die Klienten in deren Traumland ein. Wir lassen den Klienten innerlich sein Lösungsbild malen. Er soll sich möglichst genau vorstellen, wie er abends zu Bett geht und einschläft. Während er schläft, passiert ein Wunder. Das Wunder beinhaltet, dass das Problem verschwunden ist. Er weiß aber nicht, dass dieses Wunder passiert ist. Daher die erste Frage an den Klienten: „Woran würden Sie als Erstes merken, dass das Wunder passiert ist? Was wäre das erste kleine Zeichen?"
Hilfreich kann es auch sein, einen Zauberer oder eine Fee zu bemühen. Nach detailreicher Beschreibung der Fee oder des Zauberers darf die Fantasiefigur am Bettrand des Klienten Platz nehmen. Über Nacht kommt sie zum Klienten und schafft es, außerhalb des Kontrollbereichs des Klienten, eine Wunderwelt zu kreieren. Die Fee/der Zauberer fragt nach einem Wunder, das sich über Nacht, während des Schlafes, ereignet. Der Klient nutzt die Bildung neuer Nervenzellen im Hippocampus, um sich unbekannte Realitäten vorstellen zu können. Das Veranschaulichen der Fee oder des Zauberers ist maßgeblich am Gewinn des Klienten beteiligt, da es das Gehirn stark anregt und Veränderung zulässt (Hanswille 2015).
Am kommenden Morgen sind die Probleme des Klienten gelöst. Durch weiteres Nachfragen laden wir die Fantasie unseres Klienten ein: „Woran merken Sie noch, dass das Wunder geschehen ist? Wer könnte diese Veränderung noch bemerken? Fühlt sich Ihr Körper verändert an? Wo genau können Sie das fühlen?" Und so weiter.
Der Klient bekommt Lust auf Veränderung und entdeckt erste Schritte in seine Lösungswelt.

Er erlebt sich als handlungsstark und weniger abhängig. Sein Entwicklungstempo ist immer abhängig von seiner Veränderungsmöglichkeit.
Bei Kindern und Jugendlichen konnte ich in meiner Praxis die Erfahrung machen, dass ein *Ranking* innerhalb der gewünschten Wundererfahrung sehr hilfreich ist. Häufig kommen Kinder und Jugendliche in Begleitung eines Erwachsenen. Die Erwachsenen äußern in der Regel den Bedarf des Minderjährigen. Durch den gezielten Einsatz der etwas aufgebrochenen Wunderfrage konnte ich oftmals die eigentliche Not der Minderjährigen herausfinden. So frage ich bspw. nach drei Wünschen. Drei Dinge, die über Nacht anders sind. Der erstgenannte Wunsch ist in der Regel der bedeutsamste. Erwachsene kommen bspw. mit dem Wunsch, dass das Kind weniger aggressiv sein soll.
Das Kind gibt als ersten Wunsch an, dass die Oma wieder da sein soll. Immer wenn es die Oma arg vermisst, wird es traurig und macht etwas kaputt, um sich abzureagieren.
So ist es einfach herauszufinden, woran gearbeitet werden sollte.

Die Wichtigkeit der Stabilität der Beziehung zum Klienten wird an dieser Stelle erneut deutlich. Die wertschätzende, achtsame Haltung der Systemiker berücksichtigt immer den guten Grund für das Verhalten des Klienten. Jedes Verhalten eines Menschen hat einen guten Grund (Abb. 25). Oder anders formuliert: Jeder macht es so gut, wie er es gerade kann. Dieses Wissen ist die Basis einer professionellen, systemischen Haltung. Egal, wie belastend ein Erleben oder Handeln eines Einzelnen oder der gesamtem Familie verspürt wird: Der Systemiker hat Ideen, wie es zielführend in den jeweiligen Kontext integriert werden kann. Oder wie es auch verändert werden kann. Einen Systemiker wirft nichts um!

Abb. 25: Esel

Wertschätzung und Ressourcenblick

Selbstverständlich schauen wir mit dem Ressourcenblick auf unsere Klienten und verhelfen ihnen mit unseren gezielt eingesetzten Fragetechniken heraus aus der *Problemtrance* und hinein in eine *Lösungstrance*. Dennoch brauchen unsere Klienten das Gefühl, ernst genommen und in ihrem Leid, ihrer schwierigen Situation gesehen zu werden. Das erreichen wir, indem wir ihr Problem ausreichend würdigen und ihre bisherigen Bewältigungsstrategien, ihre Mühen anerkennen: „Das war sicher keine leichte Zeit für Sie! Wie haben Sie diese Herausforderungen bewältigt?" – „Das stelle ich mir sehr anstrengend und kräftezehrend vor. Woher haben Sie die Energie genommen, dennoch heute hierher zu kommen?"

„Veränderungen sind leichter möglich, wenn die *Lebensgeschichte und der soziale Kontext des Kindes* und seiner Familie gewürdigt werden" (Retzlaff 2008, 26, H. i. O.).

Die wertschätzende, authentische Haltung ist eine Herausforderung. Neben der eigenen Psychohygiene und der wertschätzenden Grundhaltung gilt es in der TGI, die individuellen Bedürfnisse und Kompetenzen des jeweiligen Tieres sehr ernst zu nehmen.

EXKURS

Der Begriff bzw. das **Konzept des Hedonischen Budgets** wurde vom Verhaltensforscher Peter Neville angewandt, um es für die Erklärung und *Beseitigung* störender Verhaltensweisen bei Hunden zu nutzen (Drees 2018). Die Biologin und Fachkraft für tiergestützte Interventionen Cornelia Drees (2018) hat dieses Hedonische Budget auf alle Tierarten, mit denen wir arbeiten, übertragen. Es kann verstanden werden als eine Art hilfreiche Übersicht über die natürlichen Bedürfnisse, die im Alltag eines Tieres erfüllt sein müssen, damit es im wahrsten Sinne des Wortes zufrieden ist, besser sogar noch mehr als das, damit es ihm richtig gut geht, es sich wohlfühlt.
Das Hedonische Budget beschreibt den Tagesablauf und alles, was darin der jeweiligen Tierart entsprechend enthalten sein muss, damit all seine natürlichen, seiner Art und seinem Wesen entsprechenden Bedürfnisse befriedigt sind, aufgeteilt in folgende drei Aspekte:

1. Bedürfnisse der ursprünglichen Wildart des Tieres,
2. was davon erfüllbar ist,
3. Ersatzangebote für schwer erfüllbare Wünsche.

Eine wichtige Grundregel, die dem Hedonischen Budget zugrunde liegt, lautet: Schaffe nie etwas ersatzlos ab!

Das passt zur positiven Zielformulierung in der systemischen Arbeit: Wir möchten nicht wissen, was jemand *nicht* (mehr) tut, sondern was er stattdessen tatsächlich tut. Wenn wir einem Kind sagen, „Lass das!" oder „Hör auf damit!" oder von ihm verlangen, dass es nicht mehr ärgert, weiß das Kind immer noch nicht, was von ihm erwartet wird und welche alternative Verhaltensweise wir uns von ihm wünschen. Bei unserem Training mit den Tieren gilt dasselbe Prinzip: Wir möchten bspw., dass ein Hund uns nicht mehr anspringt. Solange wir aber nicht für uns klar haben, was wir stattdessen von unserem Hund erwarten, kann der Hund es erst recht nicht wissen.

Beim Hedonischen Budget geht es darum, dass die natürlichen Verhaltensweisen, die die Tierart in freier Wildbahn zeigen würde, nicht ersatzlos gestrichen oder verboten werden dürfen. So müssen Fluchttiere auch mal ihrem Instinkt des Fliehens nachkommen können, mit dem Erfolgserlebnis, es geschafft zu haben. Das entspricht ihrem natürlichen Verhalten, einem Bedürfnis, das erfüllt werden will. Nun jagen wir ein Schaf natürlich nicht über die Wiese, aber wir können ihnen bewegungsreiche Beschäftigung anbieten und eine Art spielerische Übung daraus machen, indem wir bspw. gemeinsam mit ihnen über die Wiese rennen. Schweine sind siebzig Prozent des Tages mit ihrem Rüssel auf Futtersuche. Das können wir ihnen selbst in einer großzügigen Haltung nicht zu hundert Prozent anbieten, aber wir können ihnen Futterspiele zur Verfügung stellen, bei denen sie sich anstrengen müssen, um an die Leckereien zu kommen und wir können ihnen Futter im Auslauf verstecken, das sie suchen müssen. Zu den natürlichen Verhaltensweisen eines Hundes gehört neben dem Jagen auch das Buddeln. Damit sie unsere Gartenbeete aber nicht vollständig umgestalten, können wir ihnen eine *Buddelecke* anbieten, wo sie ihr Bedürfnis ab und zu richtig ausleben dürfen.

Wir kennen es von uns selbst: Wir können nur für andere da sein, wenn wir selbst unsere Bedürfnisse befriedigt und für unser eigenes Wohlergehen, gesorgt haben. Gleiches gilt für unsere Tiere: „Unseren Tieren muss es richtig gut gehen, damit sie Kraft und Zeit für unsere Belange haben" (Drees 2018, 13).

Dieses Hedonische Budget sollten wir für jede Tierart, mit der wir leben und arbeiten, erstellen. Gemeinsam mit Klienten kann es eine schöne Aktion sein, um eine ressourcenorientierte und ressourcenstärkende Intervention einzuleiten. Oft führt es – sowohl bei unseren Tieren – als auch bei uns Menschen dazu, dass störende Verhaltensweisen gar nicht mehr auftreten, wenn wir uns achtsam um uns selbst kümmern, und schauen, was wir wirklich brauchen, damit es uns gut geht.

Mit dem Ressourcenblick richten wir unseren Fokus auf das Gute:

Wir regen zu einer Wahrnehmungsveränderung an und finden selbst in vermeintlich negativen, störenden Verhaltensweisen und Eigenschaften, ja selbst in Problemen, etwas Gutes und Nützliches, wie die folgenden Beispiele verdeutlichen (Abb. 26).

Abb. 26: Huhn

Eltern klagen: „Mein Kind ist immer so laut, es schreit ständig und macht unglaublich viel Lärm."

Unsere Frage: „In welchen Situationen könnte es gut und hilfreich sein, laut zu sein?"

Reframing in der Reflexion eines tiergestützten Settings: „Toll, wie selbstbewusst Ihr Kind sich und seine Bedürfnisse mitteilen kann! Es sorgt dafür, dass es wahrgenommen wird und verschafft sich mit Leichtigkeit Gehör. So fällt es den Schafen leicht, es als Führungsperson zu akzeptieren."

Lehrer beschweren sich: „Bei der kleinsten Kleinigkeit tobt der Schüler vor Wut oder fängt an zu weinen."

Unsere Frage: „Wozu ist es gut, seine Gefühle derart deutlich zum Ausdruck bringen zu können?" (Was hat er davon? Bekommt er dann die meiste Aufmerksamkeit?)

Ressourcenblick im tiergestützten Setting: „Der Schüler ist ehrlich und authentisch. Das macht ihn für das Tier gut lesbar und einschätzbar. Im Kontakt mit den Tieren zeigt er seine Freude. Das Tier arbeitet dadurch gern und motiviert mit ihm. Wenn mal etwas misslingt, kann er mit dem Tier die Erfahrung machen, dass es okay ist. Auch das Tier ist nicht perfekt und darf Fehler machen. Dadurch lernt der Schüler in kleinen Schritten, Misserfolge zu akzeptieren und seine Impulse zu kontrollieren."

Schüler beklagt sich: „Ich kann mich nicht auf meine Aufgabe konzentrieren, alles lenkt mich ab."

Unsere Frage: „Was ist gut daran, so offen und empfänglich für die Dinge in deiner Umgebung zu sein?"

Wir geben dem Geschehen einen anderen Rahmen und ermöglichen den Wechsel des Blicks und der einhergehenden Wertung.

Rückmeldung im tiergestützten Setting: „Toll, wie du es schaffst, alles im Blick zu haben und dich auf die Dinge und Tiere, die dir begegnen, einzugehen. Du reagierst sofort und bist sehr aktiv. Ich könnte mir vorstellen, dass es manchmal ganz schön schwierig ist, alles gleichzeitig zu beachten. Wie schaffst du es trotzdem, die Aufgabe mit dem Tier so gut auszuführen?" (Wenn der Schüler antwortet, was er macht, versuchen wir, dies in eine Fähigkeit zu verpacken und sie zu bestaunen: „Oh, das ist eine tolle Fähigkeit! Wann, in welcher Situation könnte diese Fähigkeit denn noch nützlich für dich sein?" Mit dieser Frage bahnen wir den Weg für einen Übertrag in andere Situationen.)

Ein wesentliches Merkmal im systemischen Ansatz ist die Beachtung der Kontextabhängigkeit jedes Verhaltens eines Individuums (Abb. 27). Diesen Umstand nutzen wir in der systemischen und in der tiergestützten Intervention. Hier zeigen sich Kinder häufig sehr motiviert und bringen ihre Stärken und Fähigkeiten zum Ausdruck. Wir nutzen dieses kontextabhängige Verhalten also, um auf all die bereits vorhandenen Ressourcen und im Verborgenen schlummernden Fähigkeiten aufmerksam zu machen. Eltern und auch Lehrer und andere Fachkräfte machen hier die Erfahrung, dass sich das Kind in bestimmten Kontexten angemessen verhalten kann (Reiners 2013).

Abb. 27: Meerschweinchen

EXKURS

Das menschliche **Interesse an der uns umgebenen Natur und ihren Tieren** scheint angeboren zu sein. Bereits Säuglinge haben ein intrinsisches bzw. intuitives Interesse an der Erkundung ihrer Umwelt und insbesondere eine angeborene Neugier bezüglich allem Lebendigen, das ihnen begegnet. Wilson (1984) spricht in diesem Zusammenhang von der Liebe zum Lebenden, von der faszinierten Beschäftigung mit der Natur und bezeichnet dieses Phänomen als Biophilie, als angeborene Tendenz, „die Aufmerksamkeit auf Leben und lebensähnliche Prozesse zu fokussieren" (zit. nach Olbrich 2003, 74). Begründet sieht der Soziobiologe es in der gemeinsamen evolutionären Entwicklungsgeschichte von Mensch und Tier. In seinem Werk „Biophilia – The Human Bond with Other Species" erläutert Wilson (1984) ausführlich die Tatsache, dass sich der Mensch stets zusammen mit anderen Lebewesen entwickelt hat und diese über Millionen von Jahren andauernde gemeinsame Entwicklung eine „biologisch fundierte Affinität zum Leben und zur Natur" (zit. nach Olbrich 2003, 69) hervorgebracht hat.
Biophilie kann demnach als ein biologischer Prozess verstanden werden, der sich im Laufe der evolutionären Geschichte von Menschen und Tieren herausgebildet hat.

„Der Begriff beschreibt die Menschen inhärente Affinität zur Vielfalt von Lebewesen in ihrer Umgebung ebenso wie zu ökologischen Settings, welche die Entwicklung von Leben ermöglichen" (Olbrich 2003, 69).

EXKURS

Biophilie vermittelt also ein Verständnis von besonderer Bezogenheit zwischen Menschen und Natur. Kellert (1997) stellt diese essentielle Bedeutung der Verbundenheit von Mensch und Natur heraus, indem er Biophilie unter anderem erklärt als ein Streben nach Nähe zu Leben und Natur, das die Psyche des Menschen, die Emotionalität und kognitive Aspekte gleichermaßen einschließt und von adaptiver Funktionalität ist.
Da die vielfach beobachtete und bestätigte positive Wirkung von Tieren auf den Menschen nicht rein kausal erklärbar ist, sondern das komplexe soziale Beziehungssystem in seiner ganzen Variabilität Berücksichtigung finden muss, kann das Wissen über Biophilie zu einem besseren Verständnis verhelfen.
In Bezug auf die Effekte in der tiergestützten Arbeit bedeutet dies, dass die Wirkung von Tieren nicht bio-chemisch oder instrumentell ist,

„sondern Tiere stärken oder bereichern das Gefüge von Beziehungen zwischen der Person und ihrer belebten Umgebung, und sie tragen dazu bei, dass auch psychisch, also gleichsam innerhalb der Person, eine Verbundenheit zwischen bewussten und unbewussten, zwischen kognitiven und emotionalen, zwischen implizit-erfahrungsgeleiteten und explizit-kontrollierenden Prozessen verbessert wird" (Olbrich 2003, 69).

EXKURS

Es geht bei Biophilie also nicht um kausal-erklärbare Wirkfaktoren, sondern um transaktionale Prozesse der Mensch-Tier-Beziehung und um ein besonders Verständnis von Verbundenheit. Tiere und eine natürliche Umgebung sind elementar und notwendig für geistige und körperliche Gesundheit des Menschen. Olbrich (2003) verweist in diesem Zusammenhang auf Josef Meeker, der Anfang der 1980er Jahre feststellte, dass

„Menschen, die in einer bloß urban und technologisch geprägten Umwelt, extrem gar nur in der virtuellen Welt der Medien leben, sich weder persönlich noch geistig oder emotional voll entwickeln können" (Olbrich 2003, 74).

EXKURS

Analog dazu postulierte René Dubos bereits 1969, dass der „Kult um Wildnis" (zit. nach Olbrich 2003, 74) kein Luxus, sondern zur Erhaltung der geistigen Gesundheit unabdingbar sei.
Mit dem Wissen um Biophilie gelangt man also in Bezug auf die positiven Wirkweisen von Tieren zu der Ansicht, dass die Anwesenheit von bzw. die Nähe zu Tieren das Leben des Menschen vervollständigt, ergänzt oder zumindest bereichert. Tiere

„tragen dazu bei, eine ‚evolutionär bekannte' Situation zu schaffen – und mit den vielen so möglich werdenden manifesten Transaktionen geschieht ebenso wie in dem durch die vorbewusste und bewusste Erfahrung ausgelösten Erleben etwas Heilsames" (Olbrich 2003, 75 f.).

EXKURS

Da in jeder Form von Beziehung zwischen zwei Lebewesen immer auch Kommunikation stattfindet – ganz gleich ob intra- oder interspezifisch –, spielt die Annahme von Biophilie auch bezüglich sozialer Interaktion eine Rolle. Kommunikation findet bereits dann stand, wenn ein Lebewesen in irgendeiner Art in Aktion oder Beziehung zu seiner Umwelt tritt. Biophilie könnte demnach auch die Frage beantworten, warum interspezifische Kommunikation überhaupt möglich ist.

„Sicher ist, dass Biophilie die Grundlage jeglicher Kommunikation mit Tieren ist. Ohne ein grundlegendes Interesse an dem, was um uns herum lebt und existiert, kann keine funktionierende Kommunikation mit der Umwelt entstehen" (Prothmann 2008, 22).

EXKURS

Ferner verweist Prothmann (2008) in diesem Zusammenhang auf Rogers, der in seiner Beziehungstheorie zur Personzentrierten Psychotherapie das dem sozialen Lebewesen – dem Menschen – angeborene Bedürfnis nach Liebe und Zuneigung als „das Fundament der menschlichen Entwicklung" (Rogers 1957, 95 ff.) beschreibt. Hier wird die Relevanz der Mensch-Tier-Beziehung für die pädagogische, therapeutische oder soziale Arbeit mit Tieren ersichtlich, die wir uns im systemisch-tiergestützten Setting so wunderbar zu Nutze machen können.

Die systemische Fachkraft bringt sich selbst mit all ihren Erfahrungen und ihren Eigenschaften in den Therapie- oder Beratungsprozess mit ein und nutzt alles Erdenkliche, das zur Verfügung steht, so auch die Tiere mit all ihren Eigenarten und Wesensmerkmalen. Tiere bringen uns zum Lachen und machen es uns auch leichter, über uns selbst zu lachen und offen und ehrlich mit uns und anderen umzugehen. So kommt es durch Humor und Offenheit

„zu einer wohltuenden Leichtigkeit [...]. Eine persönliche Entwicklung und eigene Interessen über die Profession hinaus sind wichtige Aspekte der therapeutischen Selbst-Erziehung" (Retzlaff 2008, 28).

Tiere können ganz wesentlich zu einer guten Stimmung und einer vertrauensvollen Atmosphäre beitragen. Mit unseren Tieren bringen wir als Berater oder Therapeut unsere eigenen Interessen ganz offensichtlich und lebendig mit ein und können so etwas von uns persönlich mitteilen, ohne aus unserer professionellen Rolle aussteigen zu müssen, da die Interaktion mit unseren Tieren in diesem Fall ein wichtiger Bestandteil unserer Profession ist. Die Tiere bringen uns zum Lachen, begegnen uns vorurteilsfrei und machen es uns einfacher, auch uns selbst so zu akzeptieren, wie wir sind und über uns selbst lachen zu können. Auf diese Weise verliert der therapeutische Prozess an Schwere, wirkt weniger künstlich erzeugt und öffnet somit schneller den Zugang zu unseren Klienten und vermeintlich belastenden Themen. Der Kinder- und Jugendlichenpsychotherapeut Bernd Retzlaff ist überzeugt davon, dass es in der therapeutischen Arbeit mit Kindern von erheblichem Vorteil, wenn nicht gar notwendig ist, „den eigenen Körper, Bewegung und Berührung als Ausdrucksmittel zu nutzen" (Retzlaff 2008, 28).

Tiere erleichtern uns auch hier die Situation, indem sie ihre Körper, Bewegungen und Berührungen *zur Verfügung stellen* und wir ihr Ausdrucksverhalten als Erweiterung nutzen können. Sie liefern uns nicht nur alternative Ausdrucks- und Kommunikationsformen, sondern inspirieren uns auch selbst zu neuen, ungeahnten kommunikativen und interaktionalen Fähigkeiten.

Tiere reagieren unmittelbar auf unsere körpersprachlichen Mitteilungen. Im Gegensatz zu uns Menschen interpretieren Tiere nicht erst, was sie wahrnehmen. Während wir uns unsere Beobachtungen, unsere Wahrnehmungen erst bewusst machen müssen und dann gleich damit beginnen, Überlegungen dazu anzustellen und Interpretationen aufzustellen, nehmen Tiere die Feinheiten unseres körpersprachlichen Ausdrucks wahr. Sie reagieren nicht nur auf die offensichtlichen Ausdrücke, sondern auch auf die ganz feinen, subtilen Botschaften, die wir über unsere Körper, Bewegungen, Gestik und Mimik aussenden – meist sogar unbewusst. Und damit noch nicht genug: Die Tiere nehmen ganzheitlich wahr, d.h., sie fügen ihre Wahrnehmungen zu einem ganzen Bild zusammen, indem sie auch die gesamte Umgebung und den Kontext einbeziehen (Beck 2020). Was dies betrifft, sind Tiere uns Menschen mit ihren Fähigkeiten schlichtweg überlegen – und deswegen kann die Begegnung und Interaktion auf Augenhöhe mit den Tieren in einer sehr achtsamen und wertschätzenden Weise so bereichernd für uns sein.

Betrachtet man Familien als eine Form sozialer Organisation, so kann man nicht nur individuelle Muster ausmachen, sondern auch ganz grundlegende Strukturen, die zum Gelingen oder auch *Funktionieren* des Systems und zu dessen Aufrechterhaltung beitragen. Kommen Organisationen, Familien oder auch einzelne Personen mit schwierigen, belastenden oder herausfordernden Situationen besonders gut zurecht, spricht man von Resilienz. Resilienz ist erklärbar mit dem Begriff der psychischen Widerstandsfähigkeit oder dem Phänomen, trotz psychischem Stress, Krisen, dem Erleben von traumatischen Ereignissen oder Katastrophen gesund und handlungs- bzw. lebensfähig zu bleiben (Kalisch 2017). Sich selbst als handlungsfähig und selbstwirksam zu erleben, gehört zu den wichtigsten Resilienzfaktoren.

Selbstwirksamkeit ist ein wesentliches Merkmal sowohl der systemischen, als auch der tiergestützten Arbeit. Das wichtigste Ziel systemischer Interventionsprozesse besteht darin, dem Klienten den Weg aus der gefühlten Hilflosigkeit aufzuzeigen und ihn zu dem Erleben von Selbstwirksamkeit zu begleiten. Mit Hilfe der Tiere lassen sich Selbstwirksamkeitserfahrungen quasi nebenbei in das aktuelle Geschehen und den Prozess einbauen.

Einer der wesentlichen Faktoren der Umgangsformen miteinander in resilienten Systemen ist die Wertschätzung. Systemische Interventionen zielen mit ihrer ressourcenorientierten Vorgehensweise darauf ab, „[...] *Schlüsselprozesse* von Familien [zu] fördern, die zu ihrer Resilienz und Kohärenz beitragen" (Retzlaff 2008, 25, H.i.O.). Diese Fähigkeiten und Ressourcen jedes einzelnen Familienmitglieds erfahren Anerkennung und Wertschätzung. Das Problem an sich sowie der Umgang mit schwierigen Situationen werden gewürdigt und effektiv in den Prozess einbezogen. Diese Ressourcenaktivierung wird als ein entscheidender Bestandteil bedeutsamer Wirkeffekte psychotherapeutischer Prozesse beschrieben.

Seine Anfänge hat der Ansatz der Ressourcenorientierung in systemischen und hypnotherapeutischen Verfahren. Mittlerweile wird ihm auch in anderen Behandlungs- und Interventionsformen immer größere Beachtung geschenkt.

„Erst wenn man gezielt nach Ressourcen fragt, erfährt man vielleicht, dass ein Kind, abgesehen von all den Problemen, zum Beispiel sehr lieb mit kleinen Geschwistern umgeht, ein Haustier zuverlässig versorgt oder hervorragend am Computer arbeitet und sich dabei sehr gut konzentrieren kann. Ebenso werden Eltern nicht auf ihre Defizite festgelegt, sondern als Menschen gesehen, die in ihrem Leben schon zahlreiche Hürden und Sackgassen gemeistert haben" (Retzlaff 2008, 25).

FALLBEISPIEL

Ein Schüler der Förderschule für emotionale und soziale Entwicklung geriet nahezu jedes Mal in Konflikte, wenn er unbeaufsichtigt bzw. ohne Begleitung einen Weg von A nach B absolvieren musste. Irgendein Kind, das ihm auf diesem Weg begegnete, schaffte es mit oder ohne Absicht immer, ihn zu

provozieren bzw. sich so zu verhalten, dass sich der Schüler provoziert oder beleidigt fühlte. Oder der Schüler warf einfach selbst mit Provokationen oder Beleidigungen um sich und forderte so andere Schüler zu Konflikten heraus. Dadurch bekam er meist negative Aufmerksamkeit und natürlich auch oft zu hören, dass sein Verhalten nicht in Ordnung sei, er sich an die Regeln halten müsse und welche Konsequenzen und Sanktionen ihm drohten, wenn er nicht aufhörte, andere Kinder zu ärgern. Die Lehrerinnen teilten ihm keine Aufgaben wie Botengänge zu, da er nicht verlässlich sei.
Derselbe Schüler bewegte sich auf der Wiese bei den Schafen völlig frei, agierte selbstständig und verantwortungsvoll, höflich und rücksichtsvoll. Ihm gelang es als einzigem aus der Gruppe, die zurückhaltende, skeptische Rosi aus der Hand zu füttern. Bei ihm verweilten Gretel und Liesel lange, waren nah bei ihm, ohne nur auf das Futter aus zu sein. Sie ließen Berührungen von ihm zu, ließen sich bürsten und folgten seinen Aufforderungen zu kleinen Tricks, als würden sie sich schon ewig kennen und gemeinsam trainieren.

TIPP

(Ressourcenorientierte) Bewältigungsfragen sind:

- Wie hast du das geschafft?
- Was genau hast du gemacht?
- Was war hilfreich?
- Als es das letzte Mal ein kleines bisschen besser war, was genau hast du da anders gemacht?
- Was tust du dafür, dass deine Energiequellen erhalten bleiben?
- Wer oder was war bisher eine gute Unterstützung?
- Wer oder was hat dir da geholfen?

Hausaufgabe: Am Ende einer Sitzung ergeben sich oft gute Möglichkeiten, aus dem Gespräch heraus eine Hausaufgabe herzuleiten und diese dem Klienten bis zum nächsten Mal aufzugeben. Das kann eine Beobachtung sein – z. B.: darauf achten, wann das Problem ein bisschen kleiner ist oder was genau jemand in einer bestimmten Situation tut – oder auch eine schriftliche: Schreibe jeden Abend dein persönliches Erfolgserlebnis auf. Worauf bist du heute stolz gewesen? Was ist dir gut gelungen? Es könnte auch ein Experiment sein: Probiere doch mal aus, was passiert, wenn du einfach mal jemanden anlächelst …

Oder: Tu mal so, als wäre dein Problem gar nicht mehr da, als hättest du deine neue Fähigkeit schon gelernt!
Eine Hausaufgabe könnte auch sein: Machen Sie bitte bis zum nächsten Mal alles genauso wie bisher. Verändern Sie nichts!
Sollte einem keine geeignete Hausaufgabe einfallen oder man kann sich zwischen zwei Möglichkeiten nicht entscheiden, hat aber den Eindruck, eine kleine Hausaufgabe könnte für den Klienten hilfreich sein, kann man den Klienten auch sehr gut dazu auffordern, sich selbst eine Hausaufgabe aufzugeben: Wenn Sie sich selbst eine Hausaufgabe aufgeben müssten, welche wäre das?

3.4 Muster in Systemen

Luhmann (1984, 414) verwendet in der Beschreibung seiner Systemtheorie die Bezeichnung der „Erwartungs-Erwartungen". Dies beschreibt die Erwartungen eines Menschen darüber, was andere von ihm erwarten. Da ein Mensch immer Teil eines Systems ist, vernetzen oder verknüpfen, berühren oder überschneiden sich diese sogenannten Erwartungs-Erwartungen der verschiedenen Systemmitglieder, wodurch sich Muster ausbilden (Schlippe/Schweitzer 2019a, 12).

Anhand einer Interpretation folgender Redewendung soll die Begrifflichkeit des Musters nach dem systemischen Verständnis noch verdeutlicht werden.

Wir Menschen sind Gewohnheitstiere: In der Aussage des Satzes steckt weit mehr Inhalt als zunächst erkennbar. Es ist ein häufig gehörter, allgemein bekannter Satz. Man könnte sagen, wir sind die Aussage *gewohnt* … Und unumstritten ist: Was wir kennen, gibt uns Sicherheit. So eine vertraute Redewendung löst Erinnerungen in uns aus, d. h., es entsteht eine erfahrungsgeleitete Verknüpfung. Wenn wir nun einmal überlegen, in welchem Zusammenhang dieser Satz häufig fällt, werden wir feststellen, dass es meist dann ist, wenn wir unsere Komfortzone verlassen sollen, wenn wir unsere gewohnten Strukturen und Verhaltensmuster aufgeben sollen oder müssen.

Gewohnheit hat mit etwas Vertrautem zu tun – etwas Vertrautes wiederum mit buchstäblicher Ent-Spannung, mit Wohlbefinden, mit einem Gefühl des Sich-Wohlfühlens, etwas, nach dessen Erreichen wir ständig streben, weil es elementar ist, weil es Überleben sichert. Dies führt uns zurück zu unseren evolutionären Wurzeln: Wir Menschen haben gelernt, wie alle anderen Tiere auch, sensibel auf bestimmte Reize zu reagieren und uns nur dann zu entspannen, um neue Kraft zu tanken, wenn wir uns in Sicherheit wiegen. Dies ist auch der Grund, weshalb wir uns in Anwesenheit schlafender Tiere nachweislich besonders gut entspannen können: Früher waren ruhende Tiere, z.B. auch schlafende Wölfe, ein Zeichen dafür, dass es keinen Grund zur Besorgnis gab, keine Gefahr drohte. Das Leben in unmittelbarer Nähe zu und mit den Tieren brachte dem Menschen einen enormen Vorteil, da er sich auf die empfindlicheren Sinne, auf das feinere Gehör, die feinere Nase verlassen konnte, womit die Tiere Bedrohungen wittern konnten und rechtzeitig Alarm schlugen.

Paradoxerweise steckt in der Aussage sowohl der Aspekt des Alleinstellungsmerkmals des Menschen, ein *Sich-höher-Stellen* als Tiere, und gleichzeitig ebenso doch ein *Sich-begegnen-auf-einer-Ebene*. Dies erscheint aus folgenden guten Gründen dennoch durchaus schlüssig: Erstens sind wir Menschen ja nun einmal evolutionsbiologisch betrachtet hoch entwickelte Säugetiere und zweitens lieben Tiere Gewohnheiten. Gleiche Abläufe, Rituale, feste Strukturen geben ihnen Sicherheit, weil sie sich darauf einstellen können, verhaltensökonomisch sinnvoll agieren können und sich auf Gegebenheiten und Ereignisse in unmittelbarer Zukunft einstellen, sie ein Stück weit voraussehen können. Der vermeintlich einzige Unterschied zwischen Mensch und Tier besteht darin, dass der Mensch Gewohnheiten oftmals aus Bequemlichkeit oder gar Faulheit nachgeht. Zumindest fällt gerade in solchen Situationen häufig dieser besagte Satz. Während der Mensch es sich demnach quasi aus einer Art luxuriösem Lebensstil heraus leisten kann, folgt das Tier seinem angeborenen Überlebensinstinkt und Selbsterhaltungstrieb – es sichert sich mit diesem Verhalten eben sein Überleben.

Auch an dieser Stelle können wir etwas von den Tieren lernen: Tiere verlassen hin und wieder ihre Komfortzone - weil es sich lohnen könnte, weil sie sich dadurch weiterentwickeln können, weil sie so ihre Komfortzone erweitern und vergrößern können und sich logischerweise demnach häufiger in ihrer Komfortzone befinden. Das hat zur Folge: Es gibt mehr Gefühl von Sicherheit, mehr Gelassenheit und mehr Handlungsstrategien und Alternativen zum Reagieren auf neue, unbekannte Situationen und Ereignisse. Mensch und Tier sind dann bereit, Neues zu lernen, was wiederum elementar ist, da dies – tierisch betrachtet – das Überleben und – menschlich betrachtet – das Wohlbefinden, das *Sich-Wohlfühlen* sichert. Es lässt sich hieraus also Folgendes ableiten (Abb. 28):

Abb. 28: Schwein

Wenn wir unsere Muster durchbrechen, erweitern wir unseren Horizont: Wir verlassen unsere gewohnten, festgefahrenen Bahnen, sozusagen unseren *Trampelpfad* im Gehirn, den Trampelpfad unserer Denk- und Handlungsstrukturen, und begeben uns auf neues, unbekanntes Terrain, wo wir mit ein bisschen Übung neue Wege erschaffen können. Wir müssen den Weg nur oft genug gehen, damit ein neuer Trampelpfad entsteht, auf dem wir uns sicher bewegen können.

In all unseren Begegnungen, in intra- und interspezifischen Interaktionen, d. h. in der zwischenmenschlichen Kommunikation ebenso wie in der Kommunikation zwischen Mensch und Tier, bahnen sich Muster an und verfestigen sich. Nicht immer sind diese auch wirklich hilfreich, sondern können subjektiv auch als Problem wahrgenommen werden. Dabei ist – systemisch gedacht – nicht unbedingt wichtig, warum und weshalb diese Muster entstanden sind. Vielmehr liegt die systemische Intention darin, diese Muster zu verstören, sodass der Ablauf dieser Gewohnheiten unterbrochen und die Möglichkeit zur neuen Musterbildung hervorgebracht wird.

Im systemischen Interventionsprozess wird der Klient eingeladen, die Metaperspektive einzunehmen, sozusagen als Beobachter auf sich selbst zu schauen. Dies gelingt nur, wenn die Beziehung zwischen Fachkraft und Klient stabil und von einer vertrauensvollen, sicheren Atmosphäre geprägt ist. Hierzu können die tierischen Begleiter einen wesentlichen Teil beitragen. Oft entsteht diese Vertrauensbeziehung sehr viel schneller, wenn der Pädagoge/Therapeut von einem Tier begleitet wird. Dieser Vertrauensvorschuss konnte sogar bereits anhand von Studien nachgewiesen werden (Julius et al. 2014).

Ist dieser professionelle Rahmen geschaffen, können die im Denken und Handeln des Klienten verankerten routiniert ablaufenden Prozesse ausgebremst, also die ungewollten, nicht gewünschten Muster verstört werden.

In allen uns bekannten sozialen Systemen entstehen Muster, wie z. B. in Familiensystemen, in Schulsystemen, in beruflichen und Organisationssystemen. So auch in der Interaktion mit Tieren. Diese im Kontakt mit den Tieren, also im *tierischen System* der TGI neu erlernten Muster können insbesondere durch anschließende Reflexion (Kap. 7) und mit Hilfe von Bewältigungsfragen auf andere soziale Situationen bzw. Systeme der Lebenswelt des Klienten übertragen werden.

3.5 Konstruktivismus

„Wir erzeugen die Welt, in der wir leben, buchstäblich dadurch, dass wir sie leben" (Maturana 1982, 269).

Der chilenische Neurobiologe Humberto Maturana hat mit seiner Theorie der Autopoiese (Maturana 1982) die grundlegenden theoretischen Annahmen der heutigen Praxis systemischer Interventionen nachhaltig beeinflusst, indem er anhand der Evolution biologischer Systeme darauf hinweist, dass alle Lebewesen selbst für ihre Welt verantwortlich sind, weil sie sie durch ihr Tun und Handeln aktiv hervorbringen, sie zu dem machen, was und wie sie ist.

„Alles, was gesagt wird, wird von einem Beobachter gesagt!" (Maturana 1982, 34)

Die Dinge und Gegebenheiten sind nicht einfach grundsätzlich wahr, sondern entsprechen immer der Wahrnehmung des Betrachters. Der Mensch beschreibt, was er aus seiner Perspektive heraus sieht und wahrnimmt und was für ihn Wirklichkeit ist. Für uns Systemiker bedeutet das, dass wir mit einem neugierigen, erkenntnissuchenden Blick auf das schauen, was unser Klient uns mitteilt. Dieser

„systemische erkenntnissuchende Blick versucht nicht mehr, feste Fakten herauszubekommen, er sucht nicht nach etwas, das es ‚gibt', sondern eher nach dem, was zwischen den Menschen wirksam ist, nach den Mustern flüchtiger Kommunikation, die wir in den Prozessen ständig neu erzeugter zwischenmenschlicher und psychischer Realitäten beobachten können" (Schlippe/Schweitzer 2019a, 14).

Da ich nicht wissen kann, wie mein Gegenüber seine Welt sieht und welche Bedeutungen und Interpretationen er ihr zuteilt, bin ich im Prinzip *nicht-wissend*, frage neugierig interessiert nach und lasse mir die Welt oder vielmehr die Sicht auf die Welt meines Gegenübers so genau wie möglich beschreiben.

Die Pioniere des lösungsfokussierten Ansatzes Peter De Jong und Insoo Kim Berg verweisen darauf, dass der Therapie- oder Beratungsprozess mit dem Klienten von Kooperation und Gleichberechtigung geprägt ist und nicht von Hierarchie und Expertentum. Therapeut oder Berater und Klient begegnen sich im dialogischen Geschehen auf einer Ebene, wobei jeder sein eigenes Expertenwissen einbringt. Der Therapeut bzw. Berater begibt sich in die Rolle eines Lernenden, der auf die Informationen seines Klienten angewiesen ist, der nicht vorgibt, bereits zu wissen und sich nicht einfach als technischer Experte mit entsprechendem Know-how an seinem Werkzeug bedienen kann (De Jong/Berg 2012).

Der Konstruktivismus stellt eine grundlegende Erkenntnistheorie des systemischen Ansatzes dar. Ergänzt wird diese durch den sozialen Konstruktionismus. Dieser betont noch stärker den sozialen Vorgang des Prozesses, Wirklichkeit zu erzeugen.

„Man könnte auch sagen, *Menschen bringen Bedeutungen* hervor, indem sie mit anderen interagieren" (De Jong/Berg 2012, 532, H.i.O.).

Diese beiden relativ ähnlichen Erkenntnistheorien liefern sozusagen den Grundbaustein der systemischen Praxis, aus dem sich vor allem die Haltung systemischer Praktiker ergibt.

„Systemiker argumentieren nicht, wie die Welt ‚wirklich' oder ‚eigentlich' aussieht; sie beobachten, wie Beobachter die Welt beobachten, um sodann zu überlegen, ob es auch andere, brauchbarere Beobachtungsweisen geben könnte" (Groth 2017, 18).

Das heißt, wir schauen zunächst genau und neugierig hin, würdigen die Situation unseres Gegenübers und versuchen herauszufinden, welchen guten Grund es gibt, dass derjenige sich verhält, wie er sich verhält. In der Regel kommen Klienten zu uns, weil sie eine schwierige Situation nicht zufriedenstellend bewältigen oder ein Problem nicht lösen können. Doch bis hierhin haben die Klienten ja bereits einiges getan, um mit der Herausforderung umzugehen, was bedeutet, dass sie über Fähigkeiten und Ressourcen verfügen, die es wert sind, Anerkennung, Respekt und Beachtung zu erfahren. Wir verhelfen den Klienten zu einer neuen Sicht auf die Dinge, indem wir fragen, wozu etwas gut ist und welche anderen Möglichkeiten des Umgangs mit einer Situation es noch geben könnte und wozu diese wiederum gut sein könnten. An diesem Punkt spielt Sprache eine bedeutende Rolle, denn durch sie kreieren wir Menschen Geschichten, unsere Geschichten, unsere Beschreibungen von der Wirklichkeit aus unserer Perspektive – unserer Beobachterrolle – heraus (Schlippe/Schweitzer 2019b). Ein Mensch hat keine Probleme im Sinne von *besitzen*. Im Prinzip existieren Probleme rein objektiv noch nicht einmal. Erst durch entsprechende Beschreibungen des Betrachters entsteht ein Problem, etwas wird zu einem Problem gemacht; genaugenommen geschieht dies sogar erst dann, wenn es mit anderen als solches kommuniziert wird, also durch Sprache.

Und dennoch besteht unser Leben natürlich aus sehr viel mehr als nur aus rein abstrakter Sprache. Es findet

„in einer Welt von gemeinsam geteilten und mit-geteilten Bedeutungen statt, d.h. in ständiger Konversation, im Gespräch und im Erzählen von Geschichten, wodurch wir unsere Wirklichkeit stabil halten und uns unsere Identitäten wechselseitig bestätigen – und das Erzählen der Geschichte braucht den Zuhörer" (Schlippe/Schweitzer 2019/a, 11).

„Ich glaube, wer Geschichten erzählt, muss immer jemanden haben, dem er sie erzählt, nur dann kann er sie auch sich selbst erzählen" (Eco 2002, 241).

Wir konstruieren also unser eigenes Bild der Wirklichkeit, so wie wir sie wahrnehmen, deuten und interpretieren und so, wie wir sie anderen erzählen – daraus entstehen Geschichten und somit Wirklichkeiten (Abb. 29). Im Kontakt mit anderen,

Abb. 29: Großpudelhündin Lykke mit dem Geschichten-Erzählteller. Die Kinder erzählen Geschichten und kreieren Wirklichkeiten.
Der Hund hört zu, gibt Impulse und liefert Inspirationen.

im sozialen Miteinander entwickeln Menschen jedoch nicht nur ein Bild ihrer wahrgenommen Lebenswelt und

„nicht nur ein Bild von sich selbst und eine Beziehung zum anderen, sondern auch Bilder davon, wie sie von anderen gesehen werden. Sie bilden nicht nur eigene Erwartungen an andere aus, sondern auch Erwartungen darüber, was andere von ihnen erwarten" (Schlippe/Schweitzer 2019/a, 12).

Nicht nur wir Menschen schaffen uns ein Bild unserer Wirklichkeit. Denken wir diese erkenntnistheoretische Annahme weiter, so haben auch Tiere ihr eigenes Bild ihrer Lebenswelt und ihres Daseins. Tiere leben im Hier und Jetzt, doch auch sie haben Vorstellungen von Situationen und Geschehnissen und bilden Erwartungen aus. Häufig, so mögen viele nun sicher denken, sind diese im Zusammenleben mit uns Menschen an Futter geknüpft, doch so wie wir Menschen unsere Wirklichkeit nicht ausschließlich auf Sprache festlegen können, so geht es in der Interaktion zwischen Mensch und Tier natürlich auch um wesentlich mehr als um Futter, selbst wenn es manchmal auf den ersten Blick anders erscheinen mag.

Eine gute Herangehensweise, in der sich die konstruktivistische Haltung mit der TGI wunderbar vereinen lässt, ist die Methode der freien Begegnung nach Carola Otterstedt, bei der sich Mensch und Tier vollkommen selbstbestimmt, intrinsisch motiviert, einander nähern: Sie

„ist ein wunderbares Erlebnis für Mensch und Tier, wenn beide Akteure die Dynamik der Begegnung des anderen dialogisch beantworten mögen. So kann sich auf diese Weise ein authentischer Dialog zwischen Mensch und Tier mit besonderer Nachhaltigkeit entwickeln" (Otterstedt 2017, 89).

Im Kontakt mit Tieren werden wir unmittelbar dazu angeregt, die Welt aus einer anderen Perspektive zu betrachten und unsere eigene Wirklichkeit nicht mehr als die einzig wahre zu erleben. Wir können unseren persönlichen Blickwinkel verändern, unsere Denkweise hinterfragen und gelangen dadurch in die Lage, in Bezug auf vermeintliche Schwierigkeiten, Potenziale und ungeahnte Fähigkeiten in uns und unserem Tun zu erkennen, die wir nun als Ressource nutzen können. Wir erfahren, dass unsere Wirklichkeit nichts Starres, Unveränderbares ist, sondern etwas, das wir selbst aktiv mitgestalten und verändern und gegebenenfalls adäquat anpassen können.

„Diese Fähigkeit, seine Umwelt spezifisch, aber nicht starr, sondern kontextgebunden variabel wahrzunehmen, nennt von Uexküll ‚Merkwelt', beim Tier ist es eine angeborene und instinktive (aber zugleich durchaus dynamische) Fähigkeit der Unterscheidung, Phänomene der Außenwelt als ‚Zeichen' wahrzunehmen, ihnen damit bestimmte Bedeutungen zuzuweisen und sich dadurch in einer hochselektiven und spezifischen ‚Wirkwelt' zu bewegen" (Schlippe/Schweitzer 2019a, 26).

Hier wird die Bedeutung der Selbstwirksamkeit klar. In der Interaktion mit Tieren erleben wir uns aktiv und selbstwirksam, d.h., wir können selbst etwas bewirken und unsere Wirklichkeit neu gestalten und vermeintliche Probleme neu definieren und bewerten (Abb. 30).

Abb. 30: Schaf

FALLBEISPIEL

Ein Junge war mit einigen seiner Mitschüler zu **Besuch bei den Hühnern**. Die Kindergruppe bestand aus vier Jungen und Mädchen im Grundschulalter. Sie waren größtenteils zum ersten Mal im Kontakt mit den Hühnern. Jedes Kind kennt Hühner, aber kaum eins von ihnen war jemals in einer so nahen Interaktion mit einem Huhn. Oft werden Hühner mit hektisch flatterndem, laut gackerndem und gefährlich pickendem Federvieh mit scharfen Krallen assoziiert. Daher sorgte der Besuch bei den Hühnern für einige Überraschungen und Aha-Effekte. In der begleiteten Begegnung hatten die Kinder Gelegenheit, die gefiederten Tiere auf eine besonders freundschaftliche, ruhige und wertschätzende Art kennenzulernen. Sie lernten die Hühner als eigenständige, selbstbewusste Lebewesen mit all ihren Eigenarten und unterschiedlichen

Eigenschaften kennen und erfuhren, was Höflichkeit bedeutet und wie man sich einem Huhn höflich nähert.

Der Junge war vorsichtig und näherte sich mit gehörigem Respekt und einer großen Portion Mut dem stolzen Hahn Gunnar. Die Vorsicht und der Respekt sind hier auch tatsächlich angebracht und ich musste als anleitende Fachkraft die Situation sehr feinfühlig beobachten und aufmerksam im Auge behalten. Denn Hahn Gunnar machte seinen Job als Hahn ganz hervorragend. Er ist ein unerschrockener Hahn, der stets für die Sicherheit seiner Hennen sorgt, gerne alles unter Kontrolle hat und durchaus auch schon mal deutlich machen möchte, dass dies hier *sein Revier* ist. Er war zudem noch nicht oft im Einsatz mit den Kindern.

Dem leckeren Körnermix konnte Gunnar nicht widerstehen und pickte gezielt die schmackhaftesten Körner aus der Hand des Jungen.

Der Junge war sichtlich stolz und bemerkte: „Das ist aber ein netter Hahn!"

Ich fragte: „Woran merkst du das?"

„Er kommt zu mir", antwortete der Junge.

„Und woran merkst du das noch? Was genau macht Gunnar?", fragte ich neugierig.

Der Junge überlegte, während er Gunnar weiterhin aus seiner Hand picken ließ und ihn genau beobachtete und stellte fest: „Er ist ganz vorsichtig. Das ist sehr freundlich von ihm."

„Aha", sagte ich, „vorsichtig sein ist also freundlich! Was glaubst du, warum ist Gunnar so freundlich zu dir?"

„Weil ich auch freundlich bin!" Diesen Satz hätte dieser Junge wohl in keiner anderen rein zwischenmenschlichen Interaktion mit einer derart wahrhaftigen Überzeugung von sich gegeben. Denn er hatte große Schwierigkeiten mit der sozialen Kontaktaufnahme und besuchte die Schule mit dem Förderschwerpunkt für emotionale und soziale Entwicklung. Er geriet häufig in Konflikte, weil er unüberlegt und impulsiv agierte. Zudem unterlag er oft dem feindlichen Attributionsfehler und unterstellte anderen schnell böse Absichten in ihren Handlungen ihm gegenüber.

Eigentlich hatte er die innere Überzeugung, dass ihn keiner mag und er meist alles falsch macht, was natürlich sehr frustrierend war und einen Teufelskreis auslöst. Das war seine konstruierte Wirklichkeit.

In der Begegnung mit dem Hahn Gunnar konnte er erfahren, dass sich ihm jemand freundlich zuwendet, sich darüber freut, etwas von ihm angeboten zu bekommen und mit ihm in Kontakt zu treten. Er konnte dies wertfrei und ohne vorbelastete bzw. negative Interpretationen geschehen lassen. Durch den begleitenden Dialog konnte der Junge seine Beobachtungsgabe schulen, wurde zur Wahrnehmung äußerer Reize und innerer Befindlichkeiten angeregt und

konnte sein Verhalten positiv reflektieren. Dadurch gewann er die Erkenntnisse, dass auch Freundlichkeit eine seiner Eigenschaften ist, es einem selbst Freude macht, anderen eine Freude zu machen und dass er selbst freundliche Begegnungen initiieren kann. Er konnte seine Wirklichkeit selbst aktiv konstruieren und neu gestalten.
In der Reflexion wurde schließlich noch erfragt, was genau er Freundliches gemacht hat, was Hahn Gunnar wohl besonders freundlich fand und was andere beobachtet haben, was er Freundliches getan hat. Durch die Rückmeldung der anderen Kinder wird der Übertrag in zwischenmenschliche Situationen geschaffen, sodass die Erfahrung nachhaltig Wirkung zeigt – auch in sozialen Kontakten mit anderen Kindern (Abb. 31).

Abb. 31: Der Junge freut sich, dem netten Hahn etwas Gutes tun zu können.

4 Das interaktionale Setting in der systemischen TGI

Der systemische Ansatz in Beratung, Therapie, Coaching und Supervision beruht neben der inneren Haltung vor allem auch auf den Gesprächs- und Fragetechniken. Diese sind daher so besonders zielführend und effektiv, da die Klienten zum Nachdenken angeregt und zu neuen Sichtweisen geführt werden. So werden Impulse für Veränderungen gesetzt. Im Setting der TGI sind Basis und Zielidee identisch mit dem systemischen Setting. Es geht darum, Ressourcen zu aktivieren, Ziele zu definieren und zu erreichen, Selbstwirksamkeit zu erfahren, zum Perspektivwechsel anzuregen, um Dinge neu betrachten und erfahren zu können. Dabei ist es wichtig, die richtigen Worte an der richtigen Stelle zu finden und passende Fragen zu stellen, die den Klienten aktivieren und in seiner Selbstreflexion und Veränderung unterstützen. Nur dann kann die Wirksamkeit der tiergestützten Interaktion voll ausgeschöpft werden.

Verknüpfen wir das Wissen aus der systemischen Praxis mit der Erfahrung aus der tiergestützten Praxis, erreichen wir maximal hilfreiche und effektive Interventionen und können unsere Klienten auf optimale und wertvolle Weise in ihren (Veränderungs-)Prozessen begleiten. Das macht einmal mehr deutlich, wie wichtig eine fachlich fundierte Grundlage für erfolgreiche, sinnvolle und nachhaltige Einsätze von Tieren im beruflichen Kontext ist – und ebenso wie komplex das interaktionale Setting ist. So müssen auf der einen Seite das Wissen und die Fähigkeiten des jeweiligen Fachbereichs vorhanden sein und auf der anderen Seite ebenso das Wissen über die eingesetzte Tierart und die Fähigkeit des Trainings und Umgangs mit dieser. Darüber hinaus müssen selbstverständlich auch die Bedürfnisse aller beteiligten Individuen berücksichtigt und vertrauensbildende Maßnahmen geschaffen sowie eine angemessene Beziehungsgestaltung initiiert werden. Es reicht eben nicht aus, auf einem der beiden Fachgebiete qualifiziert zu sein. Genaugenommen reicht es noch nicht einmal aus, in beiden Bereichen (Mensch und Tier) unabhängig voneinander über Grundlagen und Kenntnisse zu verfügen. Man muss vor allem in der Lage sein, dieses Wissen und die spezifischen Fähigkeiten sinnvoll miteinander zu verbinden und bestenfalls zu einem eigenständigen Konzept zu vereinen, indem das Wissen aus dem einen Bereich in den jeweils anderen integriert wird.

Hinzu kommen die weiteren Faktoren wie die jeweiligen individuellen Eigenschaften, Talente und Bedarfe von Klient, Tier und Fachkraft sowie die Gestaltung des Settings im jeweiligen Kontext, die Berücksichtigung im Prozess, in der Interaktion und in der Kommunikation finden müssen.

4.1 Kommunikation in der systemisch-tiergestützten Interaktion

Bereits 1977 wies Watzlawick in seinem Werk „Die Möglichkeit des Andersseins" darauf hin, dass

> „sprachliche Austauschprozesse […] nicht zwangsläufig die wirksamste Kommunikationsform in der Psychotherapie" sind (Retzlaff 2008, 21).

Mit unserer (digitalen) Sprache können wir vieles ausdrücken und haben unzählige Worte, um etwas detailliert zu beschreiben. Aber das ist nicht alles, was Kommunikation ausmacht. Unbewusst und teils auch bewusst nehmen wir all die nonverbalen (analogen) Botschaften wahr, deuten und interpretieren sie, wobei auch unsere eigene Emotionalität, unsere Erfahrungen, unsere Überzeugungen mit einfließen. Es ist unmöglich, einen Dialog rein mit Worten ganzheitlich zu erfassen und zu begreifen. So viel mehr gehört dazu und kann oft sehr ausschlaggebend sein. Mit Worten können wir alles Mögliche sagen, ob es nun der Wahrheit entspricht oder nicht – mit unserer Körpersprache können wir nicht lügen. Und das ist das, was unsere tierischen Begleiter insbesondere wahrnehmen. Worte haben für sie keine Bedeutung, es sei denn, sie sind im Training erlernt. Aber selbst dann hat das Wort an sich aber wohl eher keine eigene Bedeutung, sondern vielmehr der Klang des Wortes verknüpft mit dem konditionierten Verhalten.

Nun könnte man zu dem Schluss gelangen, dass gesprochene Worte in der Arbeit mit Tieren eine eher zu vernachlässigende Rolle spielen. Das Gegenteil ist jedoch der Fall. Sicher gibt es Situationen, die völlig ohne (digitale) Sprache auskommen und allein durch die Erfahrung der Gegenseitigkeit, das Sich-Wahrnehmen in der Begegnung und den nonverbalen Dialog wirken. Und diese Momente gibt es auch in jeder systemisch-tiergestützten Intervention und es sollte ihnen ausreichend Raum gegeben werden. Bestenfalls wird die Intervention von diesen Momenten eingerahmt und lässt auch währenddessen immer wieder Freiraum, um diese freien Interaktionen zuzulassen. Dennoch oder vielmehr insbesondere aufgrund der beschriebenen Tatsachen spielt die Art und Weise unserer Kommunikation im tiergestützten Setting eine ganz wesentliche Rolle. Die gute Nachricht an dieser Stelle ist: Wir alle können sie lernen! Meist beherrschen wir die angemessene, stimmige Kommunikation bereits, müssen sie uns nur bewusst machen, um sie gezielt einsetzen und im Sinne unseres Auftrags vom Klienten nützlich anwenden zu können.

Mal angenommen ... Oder: Die Kunst des Fragens

Mal angenommen, nur mal angenommen, das wäre so, was wäre dann anders? Probieren Sie es doch einfach mal aus, diese Frage bei der nächsten Gelegenheit zu stellen. Mal angenommen, Sie würden das tun, was glauben Sie, würde passieren? Und welche Unterschiede würden Sie zu anderen Gesprächen feststellen? Welche noch? Was noch würde passieren? Was wäre anders als sonst? Woran genau würden Sie das merken? Wie, glauben Sie, würde Ihr Gegenüber reagieren?

Die Kunst des Fragens zu beherrschen, ist die wahrscheinlich größte Herausforderung und gleichzeitig aber auch die womöglich effektivste Methode in systemischen Settings. Man sagt, es gibt keine dummen Fragen. In gewisser Hinsicht ist das auch richtig, denn man erntet in jedem Fall eine Reaktion auf seine Frage und ist somit um eine Information schlauer. Ob dies aber nun tatsächlich die Information ist, die man erhalten wollte, ist eine andere Frage ... Wenn wir unsere Fragen klug und geschickt, gezielt und ehrlich neugierig, hartnäckig, aber nie aufdringlich, sondern immer einladend stellen, erreichen wir Vertrauen und Zuversicht bei unserem Gegenüber und Interesse an einer weiteren Kooperation mit uns. Carmen Kindl-Beilfuß bringt es wie folgt auf den Punkt:

„Wer fragt, ist interessiert. Wer fragt, ist klug. Wer fragt, führt das Gespräch. Wer fragt, schafft Bewegung. Wer fragt, gestaltet menschliche Begegnung" (Kindl-Beilfuß 2017, 13).

Wir können für unsere systemisch-tiergestützten Settings das Wörtchen *menschliche* im letzten Satz ersatzlos streichen: Wer fragt, gestaltet Begegnung. Nicht nur zwischenmenschliche, sondern auch zwischenartliche Begegnung und überhaupt Begegnung ganz allgemein. Wir begegnen unseren Mitmenschen, wir begegnen den Tieren, wir begegnen der Natur, unserer Umwelt und all den Dingen in ihr. Wir begegnen Strukturen, Regeln, Kontexten und Systemen. Tun wir all dies fragend, gestalten wir Begegnung nicht nur höflich, sondern auch auf eine Weise, die uns immer weiterbringt. Antworten auf unsere Fragen bekommen wir nur, indem wir fragen. Antworten oder auch lediglich Reaktionen auf unsere Fragen liefern uns Informationen. Doch nicht nur die sind hilfreich für uns. Fragen bringt uns auch ganzheitlich betrachtet in unserer Entwicklung und in unserer Persönlichkeitsbildung immer weiter. Fragen ermöglicht Bewegung, Weiterkommen und Fortschritt. Wenn wir fragen, sind wir auf dem Weg (Abb. 32).

Abb. 32: Ziege

Im systemisch-tiergestützten Setting fragen wir nicht nur unser menschliches Gegenüber, sondern auch immer unsere Tiere. Wir fragen „Wie geht es dir heute?" und erhalten jede Menge Informationen – nicht nur über das Tier, sondern auch über uns und unseren Klienten!

Grundlegend ist immer auch die Frage nach dem Nutzen (Abb. 33). Zum einen ist sie in Bezug auf unsere eigene Haltung von Bedeutung und wie wir auf vermeintlich problematische Verhaltensweisen schauen (Wozu ist es gut, dass er sich so verhält, was hat er davon?) und zum anderen erhöhen wir mit der Frage nach dem Nutzen die Motivation unseres Klienten: „Wozu wäre das gut, wenn du auf deine Mama hören würdest? Was hättest du selbst davon? Wozu noch wäre das gut?"

Abb. 33: Esel

In der systemischen und lösungsfokussierten Gesprächsführung wird das Fragen als Methode, als gewinnbringende Technik angewandt. Welche Fragen besonders zielführend und hilfreich für die Prozessgestaltung im systemisch-tiergestützten Setting sind, betrachten wir in den folgenden Kapiteln.

TIPP

Mit Fragen nach dem Nutzen …

1. … den Wunsch verstehen:
- Wozu ist es gut, dass du dich so verhältst?
- Was hast du davon?
- Welchen guten Grund gibt es, dass du das so gemacht hast?

2. … die Motivation erhöhen:
- Was hast du davon, wenn du dein Ziel erreicht hast?
- Was ist dann anders? Was ist dann möglich? Was noch?
- Wer hat außer dir noch etwas davon? Was? Was noch? Wer noch hat etwas davon?

Ressourcenorientierte Fragen

Abb. 34: Meerschweinchen

Mit all unseren Fragen zielen wir fast immer auf die Ressourcen unseres Klienten und seines Systems ab. Dabei ist es hilfreich, selbst die *Ressourcenbrille* aufzusetzen und einen Blick dafür zu bekommen. Das braucht ein wenig Übung – der Praxistipp hilft dabei (Abb. 34).

TIPP

Das Huhn findet auch auf dem Misthaufen etwas Gutes!
Darum geht es in gewisser Weise auch beim Reframing: Setze etwas in einen anderen Rahmen – und es erscheint in einem neuen Licht!
Würdige das Problem deines Klienten und erkenne sein Ziel an, indem du die Stärken hervorhebst.
Welche gute Eigenschaft verbirgt sich hinter einem problematischen Verhalten?
Beim Beobachten von Hühnern lässt sich wunderbar das *Umdeuten* üben: Hühner sind hektisch, sie flattern, sie kacken überall hin und wo sie sind, wächst kein Gras mehr! Oder: Hühner sind stets aufmerksam, aktiv und gerne in Bewegung – sozusagen allzeit bereit – ihr Kot ist wertvoller Dünger für Pflanzen, und mit ihren Krallen können sie so gut scharren, dass der Boden sich nach einer Ruhephase wunderbar erneuern kann.
Zusammen mit Klienten kann diese Übung ein humorvoller Einstieg sein (Abb. 35).

TIPP

Beispiele für ressourcenorientierte Fragen sind:

- Was sollte unbedingt so bleiben wie es ist?
- Was darf sich auf keinen Fall verändern?
- Was magst du an dir am meisten? (Was mag das Tier am meisten an dir?)
- Wann läuft es bei dir so richtig gut? Was ist dann anders, als wenn es nicht so gut läuft?
- Was müsste passieren, damit es öfter so richtig gut läuft?
- Was hast du in der Vergangenheit schon alles geschafft, welche Herausforderungen hast du gemeistert? Wie hast du das geschafft?
- Was zeichnet dich besonders aus?

- Was sind die Stärken und besonderen Fähigkeiten des Tieres? Welche davon hast du auch? Welche hättest du gerne?

Abb. 35: Henne Berta zeigt, dass sie auch genussvoll entspannen kann.

Ausnahme- und Bewältigungsfragen

Abb. 36: Ziege

Wir gehen von der Annahme aus, dass ein Problem nie immer da ist oder zumindest nie immer gleich schlimm (Abb. 36). Daher fragen wir nach Ausnahmen in der letzten Zeit. Zusätzlich möchten wir natürlich ganz genau wissen, wie unser Klient es geschafft hat, die Situation so zu bewältigen, dass das Problem ein bisschen weniger präsent war, dass es ein bisschen besser war. Dafür setzen wir Bewältigungsfragen ein. Diese zielen darauf ab, aus der subjektiv als hilflos oder gar ohnmächtig wahrgenommenen Problemtrance herauszukommen. Der Klient soll ein Gefühl dafür bekommen, was er in der Vergangenheit bereits getan hat, um sein Problem zu lösen, an welcher Stelle er selbst aktiv wurde und inwiefern das oder etwas anderes hilfreich war: „Was war bisher hilfreich?" Im weiteren Gesprächsverlauf begeben sich Berater/Therapeut und Klient auf eine gemeinsame Entdeckungsreise nach Ressourcen und vorhandenen Fähigkeiten und Problemlösestrategien (De Jong/Berg 2012).

TIPP

Beispiele für Fragen nach Ausnahmen und Bewältigungsfragen sind:

- Wann war es ein kleines bisschen besser?
- Was war da anders? Was noch?
- Was hast du da anders gemacht? Was noch?
- Wie hast du das geschafft, dass dein Problem da kleiner oder gar nicht da war?
- Was müsste passieren, damit du das öfter schaffst?

Zirkuläre Fragen

Abb.: 37: Schaf

Zirkuläre Fragen sind ein unverzichtbares, wertvolles Handwerkszeug im systemisch-tiergestützten Methodenkoffer. Zum einen geben sie Auskunft über Beziehungsstrukturen innerhalb des Systems, zum anderen laden sie zum Perspektivwechsel ein. Zudem fällt es Klienten oft leichter, die Fragen aus einer anderen Sicht heraus zu beantworten, als direkt über sich selbst (Abb. 37).

TIPP

Beispiele für zirkuläre Fragen sind:

- Was würde deine Mutter jetzt dazu sagen, wenn sie hier wäre?
- Wenn Ihr Kind jetzt hier wäre, was würde es auf diese Frage antworten?
- Was würde dein bester Freund sagen, welche Stärken dich auszeichnen?
- Was würde das Tier sagen, wenn wir es fragen könnten?
- Was würde das Tier dir wohl für einen Tipp geben, damit du einen Schritt näher an dein Ziel herankommst?
- Woran würde dein Vater merken, dass du deinem Ziel einen Schritt näher gekommen bist?
- Woran würde das Tier das merken? Was würde das Tier genau bei dir sehen und beobachten können?

Abbildung 38 stellt das Prinzip zirkulärer Fragestellungen dar.

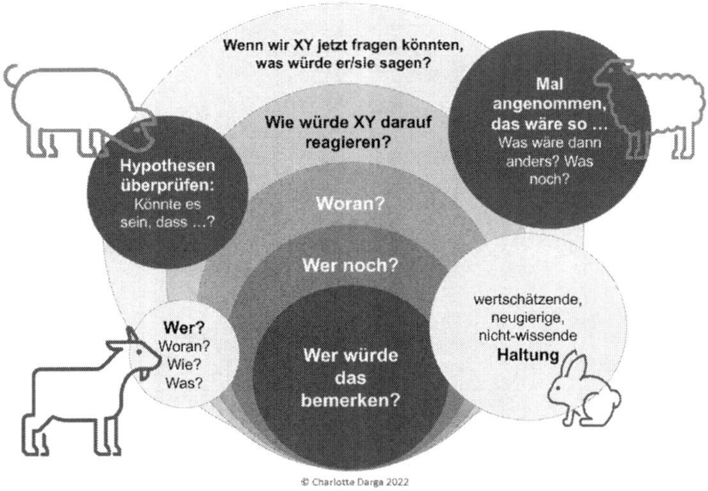

Abb. 38: Zirkuläres Fragen: Tierisch motivierende Fragestellungen, die zum Perspektivwechsel anregen und neue Lösungsmöglichkeiten aufzeigen

Skalierungsfragen

Abb. 39: Hund

Mit Skalierungen können wir kleine und große Fortschritte sichtbar machen und feine Unterschiede genau definieren. Es geht um das Herausarbeiten „eines Unterschieds, der einen Unterschied macht" (de Shazer 1988, 10). Erfolge werden dadurch messbar, insbesondere dann, wenn es um individuelle Wahrnehmungen und subjektive Eindrücke geht, wie z. B. Zuversicht, Motivation, Vertrauen. Es kann auch das Wunder nach der Wunderfrage (Kap. 3.3) skaliert werden, wobei zehn das Wunder ist. Anhand dieser „Wunder-Skala" können die nächsten kleinen Schritte in Richtung des Ziels, des Wunders, mit den Klienten konstruiert werden (De Jong/Berg 2012, 186 ff.).

Skalierungen können sowohl rein gedanklich gemacht, als auch visuell dargestellt werden. Die Möglichkeiten sind vielfältig und nahezu unbegrenzt – von der einfachen Strichzeichnung mit Smileys über ein tatsächliches Maßband bis hin zu Markierungen oder einem Seil auf dem Boden. Draußen kann auch die natürliche Umgebung einbezogen werden, um eine Skala zu bilden, z. B. ein Hügel, eine Treppe, Steine (Abb. 39).

TIPP

Beispiele für Skalierungsfragen sind:

- Auf einer Skala von 1 – 10, wobei 1 gar nicht bedeutet und 10 absolut, wie zuversichtlich bist du, dass du dein Ziel erreichen wirst? Was macht dich so zuversichtlich?
- Wo würden Sie sich auf einer Skala von 1 bis 10 in Bezug auf Ihr Problem gerade einordnen, wenn 1 = sehr schlimm, kaum aushaltbar bedeutet und 10 = Ich habe alles im Griff!?
- Wie erfolgreich waren Ihre bisherigen Bewältigungsstrategien auf einer Skala von 1 bis 10?

Leine oder Führstrick als Skala nutzen: Wo auf einer Skala von 1 bis 10 würdest du dich in Bezug auf dein Ziel gerade einordnen, wenn 1 = *gar nicht* und 10 = *voll und ganz* erreicht bedeuten würde?

An der Leine oder dem Führstrick wird die Stelle markiert, an der sich der Klient zu Beginn der Sitzung einordnet. Am Ende in der Reflexion wird die gleiche Frage erneut gestellt, um zu schauen, ob und inwiefern sich die Einstufung verändert hat. Fragen Sie, was dazu beigetragen hat! Die Markierung kann eine Wäscheklammer, eine Karte, ein Symbol oder ein Zettelchen sein, aber auch ein Leckerli, das an die entsprechende Stelle gelegt wird. Am Ende darf das Tier die Leckerlis dann bekommen.
Man kann die Leine oder den Führstrick auch in drei Bereiche einteilen und farblich grün, gelb und rot kennzeichnen. So hat man die Skala auch draußen und in der Bewegung immer dabei und kann Veränderungen direkt visualisieren.

Weiterarbeiten können wir mit einer Skala, indem wir nach Ausnahmen und Unterschieden fragen und hypothetische Fragen stellen:

- Wann war es schon mal ein kleines bisschen besser (z.B. die 3, statt der 2)? Was war da anders? Was noch?
- Was ist auf der 3 anders als auf der 2?
- Warum ist es die 2 und nicht die 1? Was macht es zu einer 2?
- Wo auf der Skala wären Sie denn schon sehr zufrieden, wenn Sie das erreicht hätten?
- Mal angenommen, Sie wären schon auf der 8, was wäre dann anders? Was noch?

Hypothesenbildung

Hypothesen sind Annahmen, die wir über das System und seine Wechselbeziehungen unserer Klienten bilden. Dabei geht es nicht um richtig oder falsch, sondern darum, möglichst viele Hypothesen zu finden. Das können gerne auch vollkommen absurde oder humorvolle Annahmen sein (Renoldner 2020). Sie helfen, den Horizont zu erweitern. Hypothesenbildung regt die Kreativität im Denkprozess an und führt zu neuen Sichtweisen auf das Problem und die dahinterliegenden guten Gründe und somit auch zu neuen möglichen Lösungsansätzen.

Wir können die Hypothesen nur für uns bilden und sie durch gezieltes Fragen überprüfen, um herauszufinden, was das tatsächliche Ziel, der tatsächliche Auftrag unseres Klienten ist. Wir können unseren Klienten die Hypothesen aber auch zur Verfügung stellen, um sie dazu einzuladen, ihre Situation aus einem anderen Blickwinkel, vor einem anderen Hintergrund zu betrachten. Dazu empfiehlt es sich, clever und geschickt zu fragen, anstatt Behauptungen aufzustellen. Wir möchten unser Gegenüber dazu einladen, festgefahrene Überzeugungen und verinnerlichte Glaubenssätze zu hinterfragen und andere, eventuell nützlichere Betrachtungs- und Herangehensweisen in Erwägung zu ziehen. Dies gelingt uns gut mit Formulierungen wie „Könnte es sein, dass …" oder „Was wäre, wenn …?" Die folgenden Falldarstellungen veranschaulichen das Arbeiten mit Hypothesen ein wenig.

Fall 1: Eine Mutter beklagt sich über die Unselbstständigkeit ihrer Tochter und insbesondere darüber, dass sie ihre Tochter noch immer regelmäßig zur Schule bringen muss, obwohl sie den kurzen Schulweg auch alleine gehen könnte.

Hypothese: Die Tochter würde durchaus und vermutlich sogar gerne den Weg alleine gehen. Die Mutter traut ihr dies aber nicht zu. Sie macht sich Sorgen, begleitet sie lieber und es gibt ihr ein gutes Gefühl, dass sie sicher ankommt und die Mutter fühlt sich gebraucht.

Frage: „Könnte es sein, dass Sie Ihre Tochter gerne morgens zur Schule begleiten und den gemeinsamen Weg auch ein Stück weit genießen?"

In der systemisch-tiergestützten Intervention können wir hier gemeinsam mit Mutter und Tochter am (Selbst-)Vertrauen arbeiten. In der gemeinsamen Begegnung mit den Tieren kann die Mutter ihre Tochter selbstständig erleben und lernen, ihr Dinge zuzutrauen. Die Tochter erfährt hierbei gleichermaßen, dass sie an ihren Fähigkeiten wachsen kann, wenn sie sich etwas zutraut. Hier bieten sich vor allem Übungen an, die auf Verantwortungsbewusstsein, Vertrauen und Selbstbewusstsein zielen. In der TGI können das die Übernahme von wichtigen Aufgaben in der Versorgung und Pflege der Tiere sein oder Übungen, in denen das Tier geführt wird oder gemeinsam Herausforderungen bewältigt werden müssen (Abb. 40).

Abb. 40: Schwein

Fall 2: Ein Schüler verweigert die Mitarbeit im Unterricht, er hält sich nicht an die Schulregeln und gerät häufig in Konflikte mit Mitschülern und Lehrkräften. Er möchte im nächsten Jahr auf eine weiterführende Schule wechseln und leidet unter einem hohen Leistungsdruck.

Hypothese: Wenn der Schüler so weitermacht, den Unterricht verpasst, sich nicht an die Regeln hält, verliert er den Anschluss an den Inhalt, muss ein Jahr wiederholen und kann noch nicht auf die weiterführende Schule wechseln. Er wird weiterhin Misserfolge haben, sein Leistungsdruck wird sich erhöhen, seine Schulunlust steigern und dies hätte negative Folgen für sein Selbstwertgefühl. Der Schüler braucht Lernmotivation durch Erfolgserlebnisse und Selbstwirksamkeitserfahrungen.

Frage: „Was wäre, wenn du erfolgreich in der Schule wärst, ein gutes Zeugnis bekämst und nächstes Jahr selbstbewusst auf die nächste Schule wechseln würdest? Mal angenommen, das wäre so, nur mal angenommen, wie wäre das? Was hättest du davon? Was brauchst du, um das zu schaffen?" Mit dieser Frage möchten wir erreichen, dass die intrinsische Motivation des Schülers gesteigert wird, indem er erkennt, welchen Nutzen er selbst davon hätte, sich an die Schulregeln zu halten und dass er seinen Erfolg und das Erreichen seines Ziels selbst beeinflussen kann. Dazu ist es hilfreich, das Lösungsbild mittels hypothetischen zukunftsgerichteten Fragen genau auszumalen. Im systemisch-tiergestützten Setting können wir mit diesem Schüler sein nächstes konkretes Ziel definieren und in der Interaktion mit dem Tier seine vorhandenen Fähigkeiten und Ressourcen, die er für die Erreichung seines Ziels braucht, bewusst machen, benennen und stärken. Dabei könnten wir unser Augenmerk bspw. auf folgende Fähigkeiten richten: Konzentration auf zu erledigende Aufgaben, Ausdauer und Durchhaltevermögen.

4.2 Systemische Interventionen unter Einbezug der Tiere

Es gibt jede Menge Techniken und Methoden im systemischen Werkzeugkoffer. Ebenso gibt es unzählige methodische Ideen für tiergestützte Einsätze. In diesem Kapitel werden einige systemische Methoden vorgestellt, die sich sehr gut mit der TGI verbinden lassen bzw. in die sich Tiere unserer Erfahrung nach besonders gut einbeziehen lassen – im direkten Kontakt sowie im übertragenen Sinn.

Wir streben bestenfalls nach einer gelungenen Integration beider Ansätze, d.h., Tiere werden in systemische Methoden, Techniken oder Anwendungen auf sinnvolle, ergänzende und bereichernde Art und Weise integriert oder andersherum: Bei der tiergestützten Intervention werden Tools aus dem systemischen Werkzeugkoffer genutzt, um die Wirkung der Arbeit nachhaltig zu verbessern, um Fachlichkeit und Qualität zu erhöhen. Abbildung 41 veranschaulicht diese Methodenverknüpfung: Links wird die Mensch-Tier-Interaktion dargestellt als ein Ansatz mit verschiedenen Konzepten und Möglichkeiten. Rechts stehen die Symbole für die vielfältigen systemischen Interventionen. Die beiden großen Kreise in der Mitte berühren sich, da beide Bereiche bereits Überschneidungen aufweisen, z.B. im Hinblick auf Ressourcenorientierung und Wertschätzung. Bringen wir das Ganze in Bewegung – symbolisiert durch die Pfeile – können wir uns aus den jeweiligen Handwerkskoffern beider Ansätze so bedienen, dass wir die Effektivität unserer Arbeit mit Mensch und Tier steigern und ein großes Ganzes daraus machen. Die Tiersymbole unten stehen stellvertretend für die verschiedenen Tierarten, die wir einsetzen können, und gleichzeitig für die systemische methodische Arbeit unter Zuhilfenahme von Tieren und Tierfiguren.

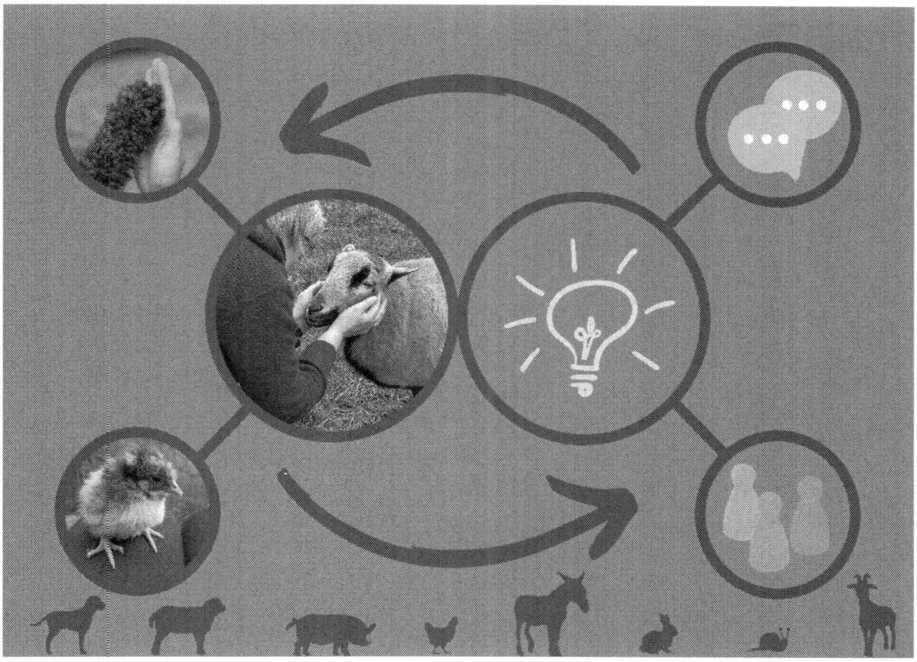

Abb. 41: Visuelle Darstellung der Methodenverknüpfung: Es geht darum, beide Ansätze sinnvoll miteinander zu verbinden und so einzusetzen, dass sie sich ergänzen und die Effektivität der Intervention erhöhen.

Abb. 42: Hund

EXKURS

Das **Ich-schaffs!®** -Programm von Ben Furman – tiergestützt ist ein Beispiel für eine sinnvolle Integration tiergestützter Arbeit in ein bereits bestehendes Konzept (Abb. 42).

EXKURS

Hierbei handelt es sich um ein sehr erfolgreiches und effektives, aber ebenso genial simples und einfach umzusetzendes 15-Schritte-Programm basierend auf dem lösungsfokussierten Ansatz. Ursprünglich wurde es vom finnischen Psychiater und Psychotherapeut Ben Furman (2017) für die Arbeit mit Kindern entwickelt. Mittlerweile gibt es mehrere Erweiterungen und Anpassungen, z. B. für Jugendliche und für Erwachsene im Rahmen von Supervision und Coaching (Reteaming®). Ich schaffs!® ist unter dem Namen Kid's Skills international bekannt und erfolgreich. Dem Programm zugrunde liegt die Annahme, dass Lernen am besten mit Zuversicht, Spaß und gemeinsam mit anderen gelingt.

Eingeleitet wird meist mit der Frage: „Was kannst du schon alles gut?" Es geht hier also auch zunächst einmal darum, Ressourcen und bereits vorhandene Fähigkeiten zu finden, um dann anschließend einen Blick in die Zukunft zu werfen mit der Frage, was sich verändern/verbessern soll und welche Fähigkeit erlernt werden möchte/sollte. Um die Motivation zu erhöhen, wird gemeinsam überlegt, warum es sich lohnen könnte, diese Fähigkeit zu erlernen. Worin besteht der Nutzen für sich und andere im Erlernen der neuen Fähigkeit?

In einem der Schritte wird der Fähigkeit ein attraktiver Name oder eine Bezeichnung gegeben und es wird ein Symbol, eine Kraftquelle gesucht, die als Erinnerung und Motivationshilfe fungieren kann. Es wird ein Helfer-System aufgebaut (Wer könnte beim Erlernen meiner neuen Fähigkeit hilfreich sein und wie genau?) und die ersten konkreten, praktischen Schritte werden geplant. Außerdem ist ein wichtiger Teil des Ich-schaff's!®-Programms, dass Erfolge gefeiert werden. Daher wird gemeinsam mit dem Kind überlegt, wie seine *Zielfeier* aussehen soll. Dabei darf das Kind auch gerne ausschweifen und seiner Fantasie und seinen Wünschen freien Lauf lassen. Dann kann überlegt werden, was von dieser Zielfeier tatsächlich umsetzbar ist bzw. als reale

Umsetzung gewünscht wird. Zur Zielfeier können auch die Helfer eingeladen werden und die neu erworbene Fähigkeit kann gezeigt werden.
Der Einbezug der Tiere bzw. eines Tieres kann hierbei auf ganz unterschiedliche Möglichkeiten erfolgen, angefangen bei der *Gestaltung des eigenen Ich-schaffs!®-Plakats*, auf dem das oder die Lieblingstier(e) Platz finden kann/können. Beim *Sammeln von bereits vorhandenen Fähigkeiten* kann ein Leckerli-Ressourcen-Turm gebaut werden: Unter jedem Becher wird ein Leckerli versteckt, das für eine Fähigkeit oder eine Ressource steht. Auf die Weise hat das Kind etwas zu tun, es wird spielerisch und kindgerecht angeregt und es bereitet eine Interaktion mit dem Tier vor (Abb. 43). Als *Kraftquelle* wählen Kinder gerne das Tier, mit dem gerade tatsächlich gearbeitet wird und auch bei der *Zielfeier* wird das Tier oft als wichtiger Teil gesehen, z.B. in Form einer ganz persönlichen Extra-Zeit mit dem Tier oder eines gemeinsamen Spaziergangs mit ihm. Bei der *Planung konkreter Schritte* und dem aktuellen Stand können hierbei gut *Skalierungen* genutzt werden, bei denen sich die Tiere oder auch ihre natürliche Umgebung ebenso leicht einbeziehen lassen.

Abb. 43: Die Schulbegleithündin Lykke schaut zu, wie der Leckerli-Ressourcen-Turm gebaut wird.

Externalisierung

Ein Verhalten oder ein Problem externalisieren bedeutet, es als etwas eigenständiges, als einen von einem selbst getrennten Teil zu betrachten, was sprachlich formuliert oder auch symbolhaft bzw. bildlich veranschaulicht werden kann: „Wenn deine Wut ein Tier wäre, welches Tier wäre sie dann?" Dies schafft zum einen Distanz zum Problem und zum anderen ermöglicht es die Wahrnehmung des Problems aus einer anderen Sichtweise, einem anderen Blickwinkel heraus.

„Man kann fragen, welchen Geschichten der Gesprächspartner erlaubt, das eigene Leben zu bestimmen, und wer er sein könnte, wenn er ihnen weniger Macht einräumen würde. Die Geschichten können, wie man sagt, ‚externalisiert' werden: Der Erzähler wird der Geschichte gegenübergestellt, und die Beziehung zwischen ihm und der Geschichte wird zum Gegenstand des Gesprächs. Damit bestimmt ihn die Geschichte nicht mehr ganz und gar" (Schlippe/Schweitzer 2019b, 104).

Das furchtbare Gefühl der Wut ist nun nicht mehr länger etwas, was das Kind vollkommen einnimmt, sondern etwas, das zu Besuch kommt. Das gibt dem Kind die Möglichkeit, die Kontrolle über seine negativen Emotionen und Impulse zurückzugewinnen oder überhaupt erst zu erlangen – wie ein wildes Tier, das gezähmt werden muss.

Aber nicht nur negative Emotionen oder Verhaltensweisen können externalisiert werden, auch die hilfreichen positiven, die Lösung des Problems oder das gewünschte Zielverhalten. Auch hier bietet sich der Einsatz von Tieren, Tiersymbolen, -bildern oder Tierfiguren besonders an, da sie so viele Assoziationen bieten und sie so lebendig sind.

„Die Visualisierung und das Spielen mit der Lösung erhöhen die Nachhaltigkeit der Lösungsfindung. Dies hat damit zu tun, dass das Erinnerungsvermögen für Gerüche, visuelle Eindrücke und auch kinästhetische Erfahrungen besser ist als für Wörter" (Steiner 2016, 84).

Häufig berichten Klienten später, dass sie sich zwar kaum noch im Einzelnen an den Beratungs- oder Therapieprozess erinnern können,

„dass das Bild des Tiers jedoch, das sie für ihre Lösung gewählt haben, sie auch nach Jahren noch begleitet" (Steiner 2016, 84).

Aufstellungsarbeit mit Tieren

Mit Aufstellungen oder auch dem Erstellen von Skulpturen versuchen wir, unterstützende Helfer eines Systems ausfindig zu machen. Mit Hilfe von Stellvertretern versuchen wir, Zugang zu inneren Bildern zu erfahren. Neben der klassischen Aufstellungsarbeit können unendlich viele Materialien genutzt werden. Neben Figuren, Steinen, Muscheln und Holzklötzchen können wir auch jede Art von Tieren einsetzen. Dies können Stofftiere, Gummitiere, Figuren, Holztiere und auch Handpuppen sein. Bildkarten von Tieren zu nutzen, würde uns an dieser Stelle die räumliche Darstellung rauben. Wir können als Rahmen das Familienbrett nutzen, das Kurt Ludewig Ende der 1970er Jahre entwickelte. Es ist ein Holzbrett (50x50 cm) mit zwanzig Figuren. Wir können jedoch völlig losgelöst jeden Tisch, den Boden oder einen anderen definierten Rahmen nutzen. Der besondere Gewinn, den wir durch den Einsatz von Tieren haben, entsteht durch deren hohen Aufforderungscharakter (Abb. 44).

Abb. 44: Aufstellung mit Tierfiguren auf einem DIN-A4-Blatt. Die Tierfiguren wurden hier nicht nur zur Repräsentation von Familienmitgliedern genutzt, sondern auch, um relevante Themen in Bezug zu den einzelnen Familienmitgliedern darzustellen – hier z. B. der Goldfisch, der für die finanzielle Situation der Familie steht, und der Frosch, der die eigenen Projekte repräsentiert.

Die Biophilie-Hypothese nach Wilson (1984) und auch das Konzept der Du-Evidenz von Geiger (1931) kommen hier zum Tragen. Wir können uns in das innere Erleben eines anderen Tieres hineinversetzen. Individuelles Empathievermögen kann in der Aufstellung zum Ausdruck gebracht werden und lässt so auch Rückschlüsse auf das eigene Erleben des Aufstellers auf der sozial-emotionalen Ebene zu (Abb. 45, Abb. 46).

Abb. 45: Ein zwölfjähriger Junge, der in einer Wohngruppe lebt, hat mit Holzfiguren auf dem Familienbrett seine Herkunftsfamilie gestellt und schaut sich sein Ergebnis an.

Abb. 46: Ein vierjähriges Mädchen mit Entwicklungsverzögerung stellt Erlebnisse aus dem Kindergarten nach, in denen es sich hilflos gefühlt hat.

Abb. 47: Das Mädchen sucht überlegt geeignete Figuren aus, um sie im Sandkasten zu platzieren. Es stellt eine Szene aus dem Kindergarten auf, in der es zu körperlichen Übergriffen zwischen den Kindern kam.

In Anlehnung an die Spiel- und Sandtherapie können Aufstellungen im Sand eine weitere Ausdrucksform sein, die der Kreativität größtmöglichen Spielraum lassen. Ebenso lädt das Medium Sand zu einem flexiblen Tun ein: Veränderungen in den Aufstellungen werden erfahrungsgemäß häufiger ausprobiert, was zur Einnahme der verschiedenen Perspektiven führt (Abb. 47, Abb. 48, Abb. 49).

Abb. 48: Das Mädchen entscheidet sich für unterschiedliche Figuren und nutzt den gesamten Sandkasten.

Abb. 49: Der Therapiebegleithund Fiete beobachtet das Mädchen neugierig bei seinem Tun, was für das Kind eine Bestätigung ist.

Beide Methoden sind zunächst sprachfrei anzuwenden. Ein Familienmitglied erstellt bspw. mit Figuren die Abbildung seiner Familie. Dies kann sowohl im Beisein der Familie oder der Gruppe, die aufgestellt wird, getan werden als auch in einem Einzelsetting.

TIPP

Folgende Fragen gilt es bereits während der aktiven Aufstellung im Blick zu haben:

- Welches Familienmitglied wird als Erstes aufgestellt?
- Wer wird durch welches Tier dargestellt?
- Wer steht nahe beieinander?

- Wer steht abseits?
- Wer schaut wen an?

Wenn die Aufstellung für den Moment fertig scheint, können gezielt Fragen gestellt werden, um erste eigene Hypothesen zu überprüfen:

- „Habe ich es richtig gesehen, dass du dich als Erstes in die Mitte des Tisches gestellt hast?"
- „Was genau gefällt dir am Wolf besonders gut?"
- „Und was würdest du anders machen, wenn du ein Wolf wärst?"

Gern können auch zirkuläre Fragen, wenn es das Alter des Klienten zulässt, gestellt werden:

- „Was glaubst du, wie es deiner Mutter gefallen hat, dass du den Papa als Elefanten direkt neben deinen Bruder gestellt hast?"
- Oder anders: „Was würde sich verändern, wenn du den Papa mal direkt neben dich stellen würdest?"

Wichtig ist, niemals die aufgestellten Figuren eigenständig zu bewegen. Dies wäre aus unserer Sicht ein Übergriff, ein respektloses Verhalten und könnte die Frustrationstoleranz des Aufstellers überfordern.

Im Nachgespräch können wir erfahren, wie sich einzelne Familienmitglieder in ihrer Rolle gefühlt haben, ob sie überrascht von der Einschätzung der anderen waren oder sich auch wohlgefühlt haben. In der Regel entstehen Anregungen für ein verändertes Miteinander. Hier ist es zielführend, gemeinsam mit der Familie zu überlegen, was sie am darauffolgenden Tag anders machen könnte. Diese Zielplanung sollte möglichst nach dem SMART-Prinzip (Kap. 3) gestaltet werden.

Arbeit mit dem inneren Team

Die Annahme oder vielmehr die Vorstellung, in uns existieren mehrere innere Anteile, die irgendwie zusammen- oder auch gegeneinander agieren, geht auf eine lange Tradition zurück (Schulz von Thun/Stegemann 2012). Als systemische Methode wird die Arbeit mit dem inneren Team eingesetzt, um die Klienten zu selbstwirksamen Koordinatoren ihrer inneren Anteile werden zu lassen. Zunächst geht es aber erst einmal darum, sich dieser inneren Anteile (z.B. der Kritiker, der Antreiber, der Fürsorgliche) überhaupt bewusst zu werden. Das allein kann oft schon außerordentlich hilfreich sein. Es führt zu mehr Akzeptanz verschiedener Eigenschaften, Stärken und auch Schwächen und somit zu einem besseren Umgang mit ihnen. Der Klient fühlt sich nicht mehr ausgeliefert, sondern handlungsfähig und selbstwirksam, wenn er mithilfe einer Aufstellung seiner inneren Anteile, seines inneren Teams, zum *Chef* wird. Vermeintlich negative übernommene Zuschreibungen oder festgefahrene Glaubenssätze über sich selbst können revidiert und ein neues Selbstkonzept kann gebildet werden: „Ein Teil von mir wird sehr wütend, wenn ich verletzt worden bin, das macht mich aber nicht zu einem ganz und gar bösen Menschen. In mir gibt es auch gute Anteile."

Auch hierbei bietet sich die Arbeit mit tierischen Figuren an, da sie aufgrund ihrer Lebendigkeit und – wie schon im vorangegangenen Kapitel beschrieben – ihres hohen Aufforderungscharakters besonders ansprechend und von Klienten meist gut annehmbar sind.

FALLBEISPIEL

Das Krokodil braucht Wasser! Eine Grundschülerin in einer sozialpädagogischen Tagesbetreuung fiel u.a. dadurch auf, dass sie bei jeder ihr sich bietenden Gelegenheit irgendwelche Dinge klaute. Sobald sie unbeobachtet oder allein in einem Raum war, steckte sie sich alle möglichen Gegenstände ein, wie z.B. Klebestreifenabroller vom Schreibtisch. Im Gespräch war sie merklich beschämt und sie schwieg zu dem Verhalten, gab jedoch immer ihre Tat zu. Mit dieser Schülerin arbeitete ich mit einem Magnetbuch für Kinder, das eine Zoolandschaft darstellt, auf der man die magnetischen Tiere platzieren kann. Ich bat sie zunächst zu überlegen, welches Tier am besten zu ihr passt und was es auszeichnet. Nachdem wir ein paar Eigenschaften dieses Tieres herausgearbeitet und den Nutzen dieser Eigenschaften bestimmten Situationen zugeordnet hatten, fragte ich sie, welche anderen Tiere noch in ihr stecken. Die Schülerin ließ ihrer Fantasie freien Lauf und suchte ein Tier nach dem anderen heraus, benannte von sich aus die wesentlichen Eigenschaften, wie z.B. die Äffchen, die ihre alberne Seite widerspiegeln, die Schlange, die sie zickig und gemein sein lässt, den Gorilla, der immer da ist, wenn sie bockig ist und das Reh, das ihre liebe und freundliche Seite zum Ausdruck bringt. Schließlich fragte ich sie, welches Tier denn bei ihr das Sagen hat, wenn sie fremde Dinge einsteckt. Überraschend schnell und klar kam ihre Antwort: das Krokodil! Sie

setzte es in den auf der Karte abgebildeten Fluss und ergänzte sogar gleich: „Wenn sich Krokodil und Schlange treffen, ist es ganz schlimm!" Ich fragte sie, wo das Krokodil denn am besten aufgehoben sei und was es bräuchte, um ruhig zu bleiben. Sie setzte das Krokodil in einen bildlich abgetrennten Teil des Flusses. Da gehöre es hin und da solle es eigentlich auch bleiben. Auf die Frage, was es braucht, damit es dableiben kann, sagte sie: „Wasser!"
Ich fragte sie: „Was könntest du tun, wenn das Krokodil kommt, um es ruhig zu halten, damit es da bleibt, wo es hingehört?" Sie überlegte kurz und sagte dann mit völliger Überzeugung: „Wasser trinken!"
Von da an nahm sie sich immer einen Schluck zu trinken, wenn sie das Verlangen spürte, etwas einzustecken.
In weiteren Sitzungen erarbeiteten wir, wie wir ihre *guten Tiere* stärken können, aber auch, wozu ihre vermeintlich schlechten Anteile gut sind, also wann die Willenskraft des Gorillas nützlich ist und in welchen Situationen sich das Äffchen so richtig fröhlich austoben kann.
Als Erinnerung bekam sie ein Foto ihres tierischen inneren Teams im Zoo (Abb. 50).

Abb. 50: Tierische Befindlichkeiten im Zoo

TIPP

Übung zur Selbstreflexion: Denke an deine Schwierigkeiten, die dich aktuell beschäftigen, an Herausforderungen, die du bewältigen musst, aber auch an deine Stärken und Erfolge in der letzten Zeit. Wenn du alles zusammennimmst, wie geht es dir dann?

Schau dir das Tier an. (Bei mehreren Tieren: Wähle eins aus, das dich gerade besonders anspricht.) Aus welchem Grund passt es so gut zu dir?

Wähle drei Merkmale oder Eigenschaften aus, die dieses Tier auszeichnen.

Wenn du diese Aspekte auf deine aktuelle Situation überträgst, was bedeutet das für dich? Welche Warnungen und welche Empfehlungen stecken darin?

Welche Aspekte möchtest du verändern, welche verstärken (Heller 2017)?

Krafttiere

Krafttiere sind Tiere, die den Klienten die innere Kraft geben sollen, ihre Ziele zu erreichen. Krafttiere sollen die Funktion erfüllen, im Guten an das Ziel und die eigenen Fähigkeiten zu erinnern. Über das Besprechen der besonderen Eigenschaften und Merkmale der ausgewählten Krafttiere kommen wir mit unseren Klienten in das Sprechen über die eigenen vorhandenen Fähigkeiten und Ressourcen, die in ihm schlummern und über das *tierische* Gespräch ins Bewusstsein geholt und in den Fokus gerückt werden. Das folgende Fallbeispiel vom Wolfswelpen, der bei den Hausaufgaben hilft, veranschaulicht dies (Abb. 51).

Abb. 51: Bild vom Wolfswelpen

FALLBEISPIEL

Ein Wolfswelpe hilft bei den Hausaufgaben. In einer Einzelförderung mit einem Grundschüler ging es darum, sein nächstes Ziel herauszufinden, die nächste Fähigkeit, die er trainieren möchte. (Ich nutze hier gerne das Wort *trainieren* anstatt *lernen*, da es positiver besetzt ist im Sinne von: „Ich trainiere meine Kraft, damit ich stärker werde!" Es hat einen sportlich-verspielten Charakter im Gegensatz zu *lernen*, was bei Kindern oft schon negativ assoziiert wird, insbesondere bei Kindern mit schulischen Schwierigkeiten.)

CD: „Welches Tier könnte dir Kraft geben, um deine Fähigkeiten zu trainieren? – Pause – Welches Tier könnte dich gut an dein Ziel erinnern und dir dabei helfen, es zu schaffen?"

S: „Ein kleiner Wolf!"

CD: „Oh, ja das kann ich mir gut vorstellen. Ein kleiner Wolf passt gut zu dir! Was hat der Wolf denn für Fähigkeiten?"

S: „Er ist stark."

CD: „Ja, stimmt, ein Wolf hat viel Kraft. Die braucht er ja auch zum Jagen, stimmt's? (Zustimmung des Kindes abholen, um in Interaktion zu bleiben und die Fantasie und somit das Mitdenken anzuregen.) Was noch?"

S: „Er ist schnell."

CD: „Ah, ja, auch ein kleiner Wolf ist schon sehr schnell. Was macht ein kleiner Wolf noch gerne? Was noch kann er gut?"

S: „Er spielt gerne!"

CD: „Ja, stimmt, Wolfswelpen sind sehr verspielt! Und wie könnten dir diese Fähigkeiten – Stärke, Schnelligkeit und Verspieltheit – dabei helfen, dein Ziel zu erreichen, deine Hausaufgaben zu schaffen?"

S: „Hm …, ich mache schnell meine Aufgaben, damit ich noch Zeit zum Spielen habe!"

CD: „Wow! Das klingt schlau! Wollen wir gleich mal schauen, welches schöne Bild von einem Wolfswelpen wir für dich finden können? Wo wäre denn ein guter Platz für den kleinen Wolf, der dich immer an dein Ziel und deine Fähigkeiten erinnert?"

Der Schüler entschied sich dafür, das selbst ausgesuchte Foto von einem Wolfswelpen in seinem Tornister zu platzieren, und zwar so, dass er es direkt sieht, wenn er ihn aufklappt. Seit diesem Gespräch gab es keine Hausaufgabenzeit mehr, in der er die Aufgaben verweigerte oder trödelte.

Die Krafttiere müssen natürlich keine realistischen Tiere sein, sie können auch Fantasietiere sein, die die unterschiedlichen Fähigkeiten verschiedener Tiere in einem Tier vereinen. Kinder und Jugendliche können dazu eingeladen werden, ihre eigenen Krafttiere zu zeichnen. Beim gemeinsamen Malen kann über die besonderen Merkmale des fantastischen Krafttieres gesprochen werden.

Im tiergestützten Setting erfüllen die anwesenden Tiere hier die Aufgabe, für eine entspannte Wohlfühlatmosphäre zu sorgen und bieten sich als Projektionsfläche und legitime Ablenkung an, wenn im Gespräch mal die Worte fehlen.

Manchmal wählen Klienten aber auch eins der Tiere, mit denen gearbeitet wird, als Krafttier. Dies bietet natürlich unzählige methodische Möglichkeiten, immer wieder mit dem Tier in den Dialog über die eigenen Stärken zu kommen. Als Erinnerung ist ein Foto des Tieres ebenso gut wie eine eigens erstellte Zeichnung von ihm (Abb. 52). Auch das Zur-Verfügung-Stellen von Stofftieren kann hilfreich sein (Abb. 53).

Abb. 52: Beispiele für fantasievolle Krafttiere

Abb. 53: Der Therapiebegleithund Fiete beobachtet den Verlauf einer Therapiestunde im Schutz des Löwen. Das Kind erlebt den Löwen als sehr große Stütze für den Hund.

TIPP

Zirkuläre Fragen oder auch ein Reflecting-Team sind geeignet, um Hypothesen zu überprüfen und ggf. ein Krafttier zur Mitnahme anzubieten:

- „Fiete, glaubst du, Luca (das anwesende Kind) würde sich auch gern mal am Löwen anlehnen, so wie du es gerade gemacht hast?"
- „Herr Löwe, könnten Sie sich vorstellen, mal bei Luca Urlaub zu machen?"

In der Regel ist direkt zu erkennen, ob die Intervention dem Kind gefällt und ob Sie den Stofflöwen auf die Reise schicken können.

Familie in Tieren

Als eine passive Form der systemisch-tiergestützten Intervention können wir hier gern die Methode „Familie in Tieren" von Luitgard Brem-Gräser (2021) aufgreifen. Malen und zeichnen sind nonverbale Ausdrucksformen. Wir nutzen an dieser Stelle ein projektives Verfahren.

Ähnlich wie bei den Aufstellungsarbeiten können wir hier kreativ und individuell mit unterschiedlichen Materialien arbeiten. Mit Buntstiften über Wachsmaler bis hin zu flüssigen Farben können Familien dargestellt werden. Selbstverständlich können auch Teilbereiche von Systemen, nur die Kinder oder nur die Eltern oder auch angrenzende Systeme wie Peergruppen dargestellt werden. Hier kommt es ganz auf die aktuelle Fragestellung an.

Unbewusste Gefühle und Zuschreibungen können auf Tiere verlagert werden. Hierdurch ist es möglich, das Beteiligte nicht in innere Konflikte geraten. Kinder, Jugendliche und Erwachsene bekommen in einem Einzel- oder Gruppensetting die Chance, eigene Emotionen in eine Tierfigur hineinzuprojizieren. Dies ist oftmals mit dem Erkennen von unbewusst vorhandenem Erleben verbunden.

„Themen, die von Kindern oder Jugendlichen im Kontakt nicht verbalisiert werden können oder wollen, können auf indirekten oder nichtsprachlichen Wegen gezeigt werden. Zudem erfassen projektive Verfahren auch Aspekte des Kontextes und von Beziehungen" (Hanswille 2016, 222).

FALLBEISPIEL

Lena, ein achtjähriges Mädchen, lebte seit sechs Jahren in einer Pflegefamilie. Die Pflegeeltern hatten einen leiblichen zehnjährigen Sohn, Lars. Lena benötigte viel Struktur, um im Alltag zurrechtzukommen. Lars nahm häufig Rücksicht auf die Bedürfnisse von Lena. Dennoch kam es häufig zu heftigen Streitereien zwischen den Kindern. Eine ausgeprägte Geschwisterrivalität lag vor. Den Kindern gelang es nicht, ihre Bedürfnisse im Gespräch zu formulieren. Ich nutzte die Methode des Malens von Tieren. Jedes Kind bekam einen Zeichenblock und Bundstifte.

Ich lud die Kinder auf einen Ausflug ein: „Stellt euch mal vor, wir gehen zusammen in den Zoo. Welche Tiere würdet ihr dort treffen?" Ich möchte die Fantasie der Kinder anregen und fragte ergänzend: „Treffen wir neben Giraffen, Elefanten und Affen vielleicht noch andere Tiere dort?" Den beiden fiel sofort ein,

dass dort auch Hunde zu Besuch sind und Spinnen, Käfer und Asseln sich ganz bestimmt auch im Zoo wohlfühlen. Nach einem kurzen Miteinander bat ich Lena und Lars einmal zu überlegen, welche Tiere denn sie selbst und die anderen Familienmitglieder sein könnten. Eifrig nahmen sie sich Stifte und fingen an zu malen.
Nun ist es wichtig, darauf zu achten, wer welches Tier als Erstes malt, wie raumfüllend es ist und welche Details besonders dargestellt werden. Wie immer ist es hilfreich, zwischendurch neugierig nachzufragen oder auch zu loben.

Lena malte sich als erstes Tier: Sie war eine große Spinne. Lars malte sie als kleinen Hund. Die Mutter war ein großer Hund und der Vater ein Bär. Lars malte als Erstes Lena. Sie war eine große Löwin, er selbst war eine Schnecke.
Nun ist es wichtig, dass die Kinder ihre Kunstwerke einander vorstellen. Durch gezieltes Nachfragen erfahren wir, welche wertvollen Fähigkeiten jedes Tier hat und was vielleicht auch nicht an dem Tier gefällt.
Allen wird deutlich, dass Lena sich oft ungewünscht fühlte, häufig sogar ausgeschlossen. Dennoch hatte sie lange Beine und ein großes Netz, das sie trägt. Lars erlebte sie als sehr eng mit der Mutter verbunden. Das gefiel ihr nicht und machte sie traurig. Lars war verwundert über ihre Sichtweisen. Er hatte sie als große Löwin gemalt, sich als kleine Schnecke, die Mutter als Katze und den Vater als Nilpferd. Für ihn war Lena sehr dominant und raumgreifend. Selbst die Mutter hatte ihr wenig entgegenzusetzen. Der Vater hielt sich aus allem raus, schwamm im Meer. Für Lena lag er gemütlich im Fluss. Lena war überrascht, dass Lars sich als Schnecke zeichnete. „Cool, du kannst dich immer direkt in dein Haus verziehen! Ich hänge immer in der Luft ...!"
Die Diskrepanz zwischen dem Erleben der beiden Kinder wurde deutlich. Nun überlegten wir gemeinsam, wann die Tiere trotz ihrer Andersartigkeit wertvolle Momente erlebt hatten.
Lars erinnerte sich an einen gemeinsamen Campingurlaub.
Beide erzählten aus Sicht ihres Tieres, welche Fähigkeiten den Urlaub bereichert hatten. Der Fokus lag nun auf den Kompetenzen des jeweiligen Tieres. Nun überlegten wir, welchen Nutzen diese Fähigkeiten haben, wenn es Zuhause wieder zu Streitigkeiten kommt. Beiden gelang es, sich in die Bedürfnisse des anderen Tieres zu versetzen.
„Welpen brauchen viel Ruhe und machen viel Quatsch", erkannte Lena. Lars fiel auf, dass Lena manchmal wirklich lange in einer Ecke im Zimmer saß wie eine Spinne.
„Ich hole dich dann einfach von deinem Netz und setze dich zu uns!"
Neugierig geworden auf das gewonnene Bild des anderen verließen die beiden die Praxis.

TIPP

Achte auf dein Zeitmanagement: Es könnte sinnvoll sein, ein Setting mit diesem Inhalt etwas länger zu definieren. Ich nutze gern neunzigminütige Einheiten. Zu Beginn das übliche Joining, dann Fragestellung der Stunde vorstellen, einladen und aktiv malen lassen. Und dem kreativen Austausch ausreichend Raum geben. Auch hier kann eine Hausaufgabe für Lena, falls sie sich mal wieder ungerecht behandelt fühlt, hilfreich sein: „Überlege mal, was du tun würdest, wenn du die Schnecke wärst?" Lena: „Dann bau ich mir 'ne Bude und kuschle mich erst mal ein!"

5 Tiergestützte systemische Pädagogik

Um tiergestützte systemische Pädagogik zu verstehen, müssen wir uns zunächst mit den einzelnen Begrifflichkeiten und Definitionen befassen. Pädagogik ist Erziehungswissenschaft, also die Wissenschaft der Erziehung. Pädagogik bzw. Erziehungswissenschaft im Allgemeinen ist ein sehr breites, vielschichtiges und teils interdisziplinäres Wissenschaftsgebiet. Was aber sind die grundlegenden Aussagen der Erziehung?

Erziehung soll dazu beitragen, den jungen Menschen in seiner Entwicklung zu begleiten, zu fördern, zu stabilisieren und positiv zu beeinflussen. Die eigene Persönlichkeit wird im sozialen Miteinander geformt – u.a. durch den Versuch, positiv bewertete Eigenschaften und Fähigkeiten zu bestärken und zu erhalten und somit der Entstehung von negativ beurteilten Verhaltensdispositionen vorzubeugen (Brezinka 1990).

Durch Erziehung soll die *Entwicklung* des Menschen in gewisser Weise gelenkt bzw. geleitet werden. Entwicklung ist zu verstehen als

> „ein zielgerichteter Prozess, bei dem durch Differenzierung, Spezialisierung und Integration Strukturen aufgebaut und abgewandelt werden, die eine möglichst adäquate Anpassung an Umweltgegebenheiten gewährleisten" (Bischof-Köhler 2011, 24).

Für ein umfassenderes Verständnis lässt sich ergänzend noch hinzufügen, dass Entwicklung

„sich auf relativ überdauernde intraindividuelle Veränderungen des Erlebens und Verhaltens über die Zeit hinweg" (Lohaus et al. 2010, 2)

bezieht.

Bezogen auf das Kindesalter bedeutet das, dass die Erwachsenen sich der Aufgabe gegenüber sehen, die kindliche Entwicklung aktiv teilnehmend zu begleiten anstatt zu pädagogisieren und das Kind mit einem Überangebot an pädagogischen Fördermaßnahmen zu überschwemmen. Es geht also im Wesentlichen um die erziehungsrelevanten Aspekte Begleitung, (An-)Teilnahme und aktive Mitgestaltung des Kindes in seiner individuellen ganzheitlichen Entwicklung – oder kurz: um Entwicklungsbegleitung.

Tiergestützte Entwicklungsbegleitung, systemisch angeleitet, bietet Kindern, Jugendlichen und ihren Bezugspersonen die Möglichkeit der Selbsterfahrung und Selbstverwirklichung in den elementarsten Bereichen ihrer Entwicklung (ganzheitlich) und holt jeden Menschen da ab, wo er sich gerade befindet (individuell): im Hier und Jetzt.

Die unterschiedlichen Entwicklungsbereiche werden auf ganz natürliche Weise gefördert – mit Hilfe der Tiere werden die Kinder auf Augenhöhe angesprochen, wird ihnen in ihrer Welt begegnet, in einer Sprache, die sie verstehen: intuitiv, nonverbal und verspielt.

EXKURS

Ein Beispiel für ein Konzept zur Hundegestützten Entwicklungsbegleitung als pädagogisches Förderangebot – kurz **HuEpF®** (Darga o.J.) – ist das Sozial-emotionale Kompetenztraining mit Hunden. Es ist gezielt ausgerichtet für Kinder mit dem Förderschwerpunkt im Bereich der emotionalen und sozialen Entwicklung. Im Rahmen des Trainings mit den Hunden werden die Kinder ganzheitlich angesprochen, da die Übungen, Spiele und Interaktionen stets so gestaltet sind, dass sie mehrere Sinne gleichzeitig aktivieren. Ein weiterer wesentlicher Grundbaustein des Konzepts ist die systemische Grundhaltung und der Einbezug ressourcenorientierter und lösungsfokussierter Methoden und Fragetechniken. So wird z.B. besonderer Wert auf die Reflexion am Ende einer jeden Einheit gelegt (Kap. 7). Auch das modifizierte und explizit auf die Kind-Hund-Interaktion ausgerichtete Informationsverarbeitungsmodell von Dodge et al. (1986) ist im Rahmen der Konzeptentwicklung entstanden und somit ein weiterer wichtiger Teil des HuEpF®-Konzepts. Das Pfotenmodell verdeutlicht die wechselseitige Interaktion unter Berücksichtigung von Kontext und Situation (Abb. 54).

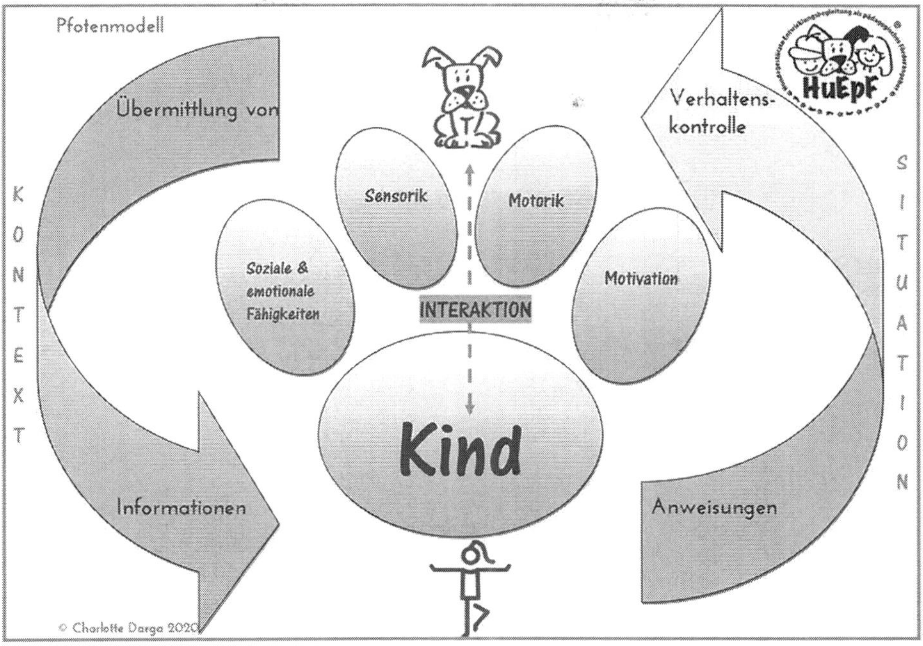

Abb. 54: Das Pfotenmodell des HuEpF®-Konzepts

EXKURS

Das Kind steht im Mittelpunkt, im Zentrum des Geschehens und wird umrahmt von Pädagoge und Hund, die als Team fungieren: Der Pädagoge gibt Anweisungen an den Hund und lenkt und beobachtet aktiv sein Verhalten, während der Hund durch sein (Inter-)Agieren, seinen nonverbalen Ausdruck mit dem Pädagogen kommuniziert und auf die Weise Informationen über die momentane Befindlichkeit, den mentalen Zustand des Kindes und die emotionale Atmosphäre der Situation überbringt.

Der Pädagoge wirkt weniger direkt auf das Kind, sondern vielmehr über den Hund, der in Interaktion mit dem Kind steht. Alle Beteiligten werden beeinflusst durch die Rahmenbedingungen von Kontext und Situation. Der Pädagoge muss alle Einflussfaktoren im Blick und in der Balance halten.

Diese teils freie, teils (an-)geleitete, teils ritualisierte, d.h. eingeübte Kind-Hund-Interaktion (Vernooij/Schneider 2010) nimmt im ausgewogenen Verhältnis Einfluss auf die Entwicklungsbereiche des Kindes.

Dadurch wird eine Entwicklungsbegleitung bzw. pädagogische Förderung, die Aspekte der Ganzheitlichkeit ebenso wie die der Individualität berücksichtigt, im natürlichen Rahmen (und nicht im künstlich erzeugten Setting) ermöglicht (Abb. 55).

Abb. 55: Teil des kunterbunten HuEpF®-Spiels: Durch die Röhre wird ein Leckerli gerollt. Die Farbe, auf der es landet, bestimmt mittels der Vorlage die Aufgabe oder auch die zu beantwortende Reflexionsfrage.

Systemische Pädagogik bedeutet, dass im pädagogischen Handeln systemisch gedacht und interagiert wird.

„Systemische Pädagogik bedeutet die Anwendung von systemischen Denken in der pädagogischen Arbeit" (Renoldner et al. 2020, 6).

Es ist keine neue oder zusätzliche pädagogische Methode, sondern eine Haltung, eine Sichtweise, mit der wir all die bewährten pädagogischen Interventionen und all unser Wissen ergänzen und anwenden können. Wir setzen also zusätzlich zu unseren Kompetenzen und Fähigkeiten die *systemische Brille* auf, um unsere Arbeit noch effektiver werden zu lassen (Abb. 56).

Abb. 56: Hase

Nun da wir die beiden *Zutaten* systemisch und pädagogisch haben, wollen wir uns etwas intensiver der Frage widmen, inwiefern Tiere unser *pädagogisches Rezept* noch weiter bereichern und welchen Nutzen wir darin sehen können.

Kinder besitzen ein angeborenes Interesse, Neugier und einen intrinsisch motivierten Erkundungsdrang bezüglich der Lebewesen in ihrem nahen Umfeld. Kinder verfügen noch über eine besondere Art der nicht-sprachlichen Kommunikation, die instinktiv, intuitiv und ganz ursprünglich ist. Auch das Konzept der Du-Evidenz trifft insbesondere auf die Kind-Tier-Beziehung zu, denn „das Kind ist dem Tier aus verschiedenen Gründen näher als der Erwachsene" (Greiffenhagen/Buck-Werner 2009, 24).

Tiere scheinen eine besondere Anziehungskraft auf Kinder auszuüben. Das gilt mittlerweile in verschiedensten Wissenschaftsbereichen als unumstritten. Bereits im Säuglings- und frühen Kleinkindalter fühlen sich Kinder zu Tieren hingezogen, möchten sie beobachten, anfassen, streicheln, füttern, mit ihnen sprechen (Weber 2012). Doch worin die Ursachen für diese Nähe liegen, ist noch nicht eindeutig geklärt. Eine mögliche Erklärung könnte in der Ähnlichkeit von Kindern und Tieren zu finden sein.

„Das Kind ist in seinen ersten Lebensjahren dem Tier eng verwandt: in der Ursprünglichkeit seiner Bedürfnisse, Antriebe und Verhaltensmuster" (Greiffenhagen/Buck-Werner 2009, 68).

Ein Kind nimmt die Welt noch viel intensiver wahr, es versucht sie zu begreifen, die Dinge einzuordnen und vor allem ist es getrieben von der Faszination des Lebendigen, der Affinität zur belebten Natur.

„Ein Kind ist ein Genie der körperlichen Subjektivität. Es ist außerordentlich begabt zu erfassen, was ***Existieren in Lebendigkeit*** bedeutet, und es ist davon besessen, diese Erfahrung immer weiter zu vertiefen" (Weber 2012, 105, H.i.O.).

Ein Kind sucht aktiv die Nähe und den Kontakt zur Natur und zu Tieren. Bei der Begegnung scheinen sich Kind und Tier ohne Worte zu verstehen. Beide sprechen die gleiche Sprache und sind in der Lage, sich zu verständigen und miteinander – nonverbal-analog – zu kommunizieren, woraus sich eine Interaktion auf gleicher Ebene, auf Augenhöhe, ergibt.

Eine Besonderheit dieser Kommunikation ist die Bedeutung des Körperkontakts, der in der interaktiven Auseinandersetzung zweier Individuen eine elementare Rolle spielt: Soziale Tiere kommunizieren in einem sehr engen, körpernahen und körperbezogenen Verhältnis zueinander. In unserer menschlichen Kultur wurde die nonverbale Sprache mehr und mehr abgelöst durch die verbale, womit auch Kommunikation über Körperkontakt an Bedeutung verlor. Bei Kindern (sowie auch bei einsamen, kranken oder älteren Menschen) wird das ursprüngliche Bedürfnis nach Nähe, nach Körperkontakt und Berührungen deutlich, das Tiere auffangen können (Greiffenhagen/Buck-Werner 2009). Insbesondere in der frühen Kindheit hat Körperkontakt eine wichtige Funktion für die kognitive Entwicklung zu erfüllen, da er Aktivität und Bewegung anregt.

„Das Kind wird durch die Bewegungen oft in einen optimalen Erregungszustand versetzt, der die notwendige Voraussetzung für eine Auseinandersetzung mit der Umwelt bildet" (Oerter 2002a, 96).

Die Verbundenheit von Kindern und Tieren wird auch durch die Untersuchungsergebnisse eines britisch-amerikanischen Forscherteams deutlich, das herausfand, dass Kleinkinder Gesichter – auch die von Tieren – differenzierter wahrnehmen und somit eine Fähigkeit beherrschen, über die Erwachsene nicht mehr verfügen, die aber bei entsprechendem Training in der Kindheit erhalten bleiben kann (Greiffenhagen/Buck-Werner 2009). Diese Tatsache verdeutlicht die noch unausgeschöpften Potenziale von pädagogisch geleiteten Kind-Tier-Kontakten.

Im erziehungswissenschaftlichen und schuldidaktischen Diskurs werden immer wieder mangelnde Aufmerksamkeit und Kooperation, fehlendes Interesse, niedrige Lernbereitschaft und kaum oder nicht vorhandene Lern- und Leistungsmotivation der Kinder und Schüler beklagt. Immer öfter werden Diagnosen gestellt und Kinder als verhaltensauffällig tituliert. Häufig ist eine Flut an Förderprogrammen und pädagogisch-therapeutischen Interventionen die Reaktion darauf. Eine optimale Unterstützung des kindlichen Lernens sollte doch aber eigentlich dem Motto „so viel wie nötig, so wenig wie möglich" folgen. Greiffenhagen/Buck-Werner (2009) sprechen in diesem Zusammenhang von einer Pädagogisierung der kindlichen Lern- und Lebenswelt und erwähnen die häufige Kritik an den aktuellen Lebensbedingungen:

> „Kinder würden heute komplett überfordert durch einen rigiden Leistungsdruck, der schon im Kindergarten, spätestens aber mit der Schule beginne [...]. Erwachsene begegneten Kindern heute fast nur noch in ihrer Rolle als Pädagogen [...]" (Greiffenhagen/Buck-Werner 2009, 70).

Die als defizitär wahrgenommenen Entwicklungsprozesse scheinen bekanntlich nicht nur Kita oder Schule, sondern die gesamte Lebenswelt der Kinder zu betreffen. Das ist auch nicht weiter verwunderlich, führt man sich die veränderten Bedingungen des Aufwachsens, die der gesellschaftliche Wandel der letzten Jahrzehnte mit sich gebracht hat, vor Augen. Die raschen Veränderungen unserer Zeit, der rasante technische Fortschritt, die vielen Möglichkeiten und Varianten von Familienkonstellationen, die Breite an Erziehungsmethoden und -konzepten scheinen den Menschen, Kindern wie Eltern, sprichwörtlich den Boden unter den Füßen zu entreißen. Es gibt keine allgemeingültigen Normen und Werte mehr, keine eindeutigen, klaren Richtlinien und Regeln und schon gar keine Anleitung zum erfolgreichen Leben. Traditionen und Familienrituale verlieren an Wert und Bedeutung oder es fehlt schlicht an Zeit. Da bleibt nicht mehr viel, was Halt und Orientierung bieten kann.

Diese Orientierungslosigkeit macht vor allem den Kindern zu schaffen. Daher erscheint es erstrebenswert, eine grundlegende sichere Basis zu schaffen – statt zu fördern. Wir Menschen müssen lernen, uns auf das Elementare zu besinnen und zu unseren Wurzeln zurückzukehren. Die Ressourcen, die wir dafür benötigen, liegen in uns und in unserer natürlichen Umwelt. Vor diesem Hintergrund, der Entfremdung von der Natur, lässt sich die vielleicht etwas gewagte Hypothese aufstellen, dass viele Probleme in der Entwicklung von Kindern und Jugendlichen möglicherweise gar nicht vorhanden wären, wenn sie auch heute noch so selbstverständlich naturbezogen und mit der Nähe zu Tieren aufwachsen würden wie früher.

In Anbetracht der mittlerweile anhand zahlreicher Studien nachgewiesenen gesundheitsförderlichen Wirkung von Tieren erscheint es naheliegend, dass Tiere die pädagogische Förderung bereichern können. Unter fachlicher

Begleitung und pädagogischer Anleitung kann Kindern die Möglichkeit des Tierkontaktes geboten werden, insbesondere den Kindern, denen es ansonsten verwehrt bleiben würde. Auf die Art kann Kindern die Nähe zur Natur vermittelt werden, ein Verständnis von Natur und Lebewesen näher gebracht werden. Durch die dem Kind innewohnende Faszination am Lebendigen kann seine Neugier geweckt und das Erkundungsinteresse genutzt werden. Dies löst Motivation aus, auf die aufgebaut werden kann.

Tiere sind selbstverständlich nicht *die* Antwort auf Entwicklungsproblematiken, Verhaltensauffälligkeiten und Erziehungsschwierigkeiten von Kindern und schon gar kein Allheilmittel. Tiere können Kinder (und auch Erwachsene) jedoch bei ihren Sozialisations- und Entwicklungsaufgaben begleiten und unterstützend zur Seite stehen – sowohl beim einzelnen Kind als auch im Rahmen institutioneller Bildungs- und Betreuungseinrichtungen oder in weiteren pädagogischen Settings (Greiffenhagen/Buck-Werner 2009).

Die tiergestützte Pädagogik schließt andere spezifische Fördermaßnahmen und Interventionen nicht aus und soll diese auch weder in den Hintergrund drängen noch deren Qualität und Effektivität anfechten. Im Gegenteil: Es gilt, eine optimale Ergänzung und Kombination zu finden oder noch besser eine Integration der Tiere in das bereits bestehende pädagogische Konzept bzw. in die systemische Intervention.

Im systemisch-tiergestützten Setting werden auf natürliche Weise alle Bereiche gleichermaßen gefördert, woraus sich die Ganzheitlichkeit der pädagogischen Förderung ergibt. Ganzheitlichkeit bedeutet, nicht einseitig, sondern mehrdimensional zu fördern – in einer Balance der verschiedenen Ebenen aus Lernen, Kognition und Wahrnehmung. Bereits Pestalozzi sah einen großen Wert darin liegen, was er durch den Ausdruck „Lernen mit Kopf, Herz und Hand" betonte (zit. nach Vernooij/Schneider 2010, 78). In der Gestaltung von Lern- und Fördersituationen sollte daher Berücksichtigung finden,

> „dass neben der kognitiven Ebene die sinnliche, die affektive und die motorische Ebene einbezogen bzw. angesprochen werden" (Vernooij/Schneider 2010, 79).

Diese Form der Förderung kann für jedes Kind in jeder Entwicklungsphase und unabhängig vom jeweiligen Entwicklungsstand außerordentlich sinnvoll sein, wenn nicht als elementar erachtet werden. Stärken können gefestigt, Kompetenzen gefördert, Defizite ausgeglichen werden.

> „Bei Tiergestützten Interventionen wird ganzheitliches Lernen auf natürliche Weise ermöglicht" (Vernooij/Schneider 2010, 79).

Zusammen mit Methoden und Fragetechniken des systemischen Ansatzes ergibt dies ein erfolgreiches und vielversprechendes *Rezept* in der alltäglichen pädagogischen Interaktion mit Kindern. Es ist individuell, ganzheitlich und bereichsübergreifend und eine systemische Pädagogik im Sinne der Entwicklungsbegleitung, die nicht defizitorientiert, sondern ressourcenaktivierend ist.

Warum der Kontakt zu Tieren für Kinder so wichtig ist:
In erziehungs- und sozialisationswissenschaftlichen Diskursen fallen häufig Begriffe wie „Vereinzelung der Kinder" und „Verinselung ihrer Lebensräume" (Greiffenhagen/Buck-Werner 2009, 69). Während sich Ersteres auf den innerfamiliären Wandel bezieht, der sich durch immer mehr Ein-Kind-Familien auszeichnet, was durch ein Aufwachsen ohne Geschwister im kleinen Familienkreis bedingt ist, bezieht sich Letzteres auf das soziale und räumliche Umfeld der Kinder, das das spontane Initiieren von Treffen mit mehreren Kindern zum Spielen in der nahen Umgebung mehr und mehr unmöglich macht, da Spielplätze, Wiesen und kleine Wälder in den Städten rar sind. Die Natur und natürliche Elemente verschwinden zunehmend aus dem Lebensumfeld der Kinder.

„Natur begegnet vielen Kindern heute eher aus zweiter Hand über die Medien, nicht als reale und eigene Erfahrung" (Greiffenhagen/Buck-Werner 2009, 71).

Die Freizeitbeschäftigung beschränkt sich meistens auf bewegungsarme Tätigkeiten im Haus wie Fernsehen oder Computer spielen. Die Kinder spielen kaum noch draußen, geschweige denn in der freien Natur. Die gesellschaftlichen Normen scheinen ihnen dies sogar regelrecht zu verwehren – immer mehr Schilder verweisen auf Verbote, Anwohner in der Nähe von Spielplätzen beschweren sich über Kinderlärm. Kindern wird zunehmend vermittelt, dass freies Spielen in der Öffentlichkeit – vor allem im städtischen Umfeld – nicht erwünscht und außerdem zu gefährlich sei. Aber auch die Natur wird als bedrohlich und voller Gefahren dargestellt.

Richard Louv (2011, 55) spricht in diesem Zusammenhang von einer „Naturdefizit-Störung", die

„die menschlichen Kosten der Entfremdung von der Natur [beschreibt], darunter: verringerte Sinneserfahrungen, Aufmerksamkeitsprobleme und ein höheres Maß an körperlichen und emotionalen Erkrankungen" (Richard Louv 2011, 55).

Die Dringlichkeit eines veränderten Verständnisses in der Erziehung und der räumlichen Gestaltung pädagogischer Institutionen sowie die Notwendigkeit von Naturerfahrungen in der Kindheit wird auf zweifache Weise ersichtlich:

„wenn wir uns ansehen, was mit den Sinnen von Kindern und Jugendlichen geschieht, wenn sie die Verbindung zur Natur verlieren, und wenn wir den sinnlichen Zauber betrachten, der in jungen Menschen – auch bei denen, die schon jenseits der Kindheit sind – entsteht, wenn sie auch nur kleinste Erfahrungen in einer natürlichen Umgebung machen" (Louv 2011, 79).

> **! Tiere können helfen, den Bezug zur Natur wiederzufinden, die Verbindung zu ihr wieder zu entdecken und aufrecht zu erhalten. Sie bilden die Brücke zwischen der zivilisierten menschlichen Welt und der freien Natur, der Wildnis.**

Levinson (1969) stellte folgende These auf:

„Ein Tier kann dem Kind dabei helfen, die Aufgaben des Großwerdens zu meistern" (zit. nach Greiffenhagen/Buck-Werner 2009, 68).

Zahlreiche interdisziplinäre Studien zeigen mittlerweile eine eindeutige Tendenz eines positiven Einflusses von Tieren auf die Entwicklung von Kindern (Wohlfarth/Mutschler 2020). Tiere können ungünstige Sozialisationsbedingungen kompensieren oder zumindest die negativen Folgen eindämmen. Kinder, die mit Haustieren aufwachsen, verfügen über mehr Kooperationsbereitschaft und weniger Aggressionspotenzial. Ein Tier kann einem Kind bei den wichtigen Aufgaben, die es in seiner Entwicklung bewältigen muss, Unterstützung und Stabilität bieten.

Meistens wird den Kindern als Ersatz ein Stofftier angeboten. Levinson plädierte jedoch eindeutig für einen Hund anstelle eines Stofftieres mit der Begründung, dass „er sich bewegt, aktiv kommuniziert, und weil er duftet" (zit. nach Greiffenhagen/Buck-Werner 2009, 76). Die olfaktorische Wahrnehmung, d. h. der Geruch eines Tieres, scheint eine bedeutende und weit unterschätzte Rolle in der Interaktion und für die Kommunikation zu spielen. Die Lebendigkeit eines Gegenübers ist demnach von elementarer Bedeutung. Möglicherweise ist auch gerade diese Lebendigkeit der gemeinsame Nenner von Kind und Tier, das besondere Band zwischen beiden. Auch Weber (2012) sieht in der Lebendigkeit eine große entscheidende Gemeinsamkeit:

> „Ein Kind nimmt sich tiefer in seiner Lebendigkeit wahr, wenn es sich in der Gemeinsamkeit, in der Bindung und im Spiegel mit anderen Wesen erlebt. [...] Einem Kind ist viel stärker als einem Erwachsenen klar, was diese Lebendigkeit bedeutet – auch wenn es das nicht durch philosophische Analyse erfährt, sondern aus der Lust am Spiel. Einem Kind ist in leuchtender Transparenz gegenwärtig, was es heißt, lebendig zu sein – ohne dass es diese Empfindung erklären könnte" (Weber 2012, 107).

In der Interaktion mit einem Tier und in Form spielerischer Übungen kann dieses lebendige Empfinden geweckt werden und zu einem gesteigerten Wohlbefinden des Kindes führen, zu einer bewussteren Wahrnehmung seines Selbst.

Da die familiären, wohnlichen oder finanziellen Umstände und Mittel heutzutage häufig keine Tierhaltung zulassen, ist es umso wichtiger, dass institutionelle Bildungs- und Erziehungseinrichtungen möglichst vielfältige Kontakte zu Tieren in den Alltag des Kindes einbringen und unter anderem dadurch eine Nähe zur Natur herstellen. Greiffenhagen/Buck-Werner (2009, 84) erachten die Schule im Gegensatz zum Kindergarten sogar als noch bedeutender für die Vermittlung von „Naturverständnis und Liebe zu Tieren."

Sozial-emotionale Kompetenzförderung kommt in der Schule eher zu kurz, während Leistungsdruck und kognitive Fördermaßnahmen überwiegen. Doch die kindliche Entwicklung darf nicht zu stark auf Leistung ausgerichtet sein, wie sie in der Schulzeit Gefahr läuft; zum kindlichen Lernen gehören u.a. auch Emotionalität und Soziabilität. Für die Entwicklung eines Kindes ist es außerordentlich wichtig, viele positive Erfahrungen durch eigenes Handeln sammeln zu können, vor allem die Erfahrung, etwas bewirken zu können: „Kinder müssen eine Überzeugung von der eigenen Tüchtigkeit aufbauen" (Schwarzkopf/Olbrich 2003, 263).

Tiere können in jeder Entwicklungsphase dazu beitragen, die kognitiven Kompetenzen zu verbessern. Das unterstreicht die Notwendigkeit der Auseinandersetzung von Wissenschaftsdisziplinen wie der (systemischen) Pädagogik und Psychologie mit dem Thema der Kind-Tier-Beziehung.

Der technische Fortschritt und die Digitalisierung haben selbstverständlich (wenn auch eher schleppend) in den Schulen und im Unterricht Einzug erhalten und beherrschen zunehmend die didaktischen Methodiken. Die Medialisierung im Zusammenhang mit einer zunehmenden Distanz zu bzw.

Entfremdung von der Natur hat oft weitreichende Auswirkungen auf das Lernverhalten der Schüler und beeinträchtigt unter Umständen ihre natürliche Neugier und Wissbegierde. Die Schüler sind interessiert am Lebendigen um sie herum, werden aber allzu oft davon abgehalten, sich den Vögeln und Schmetterlingen draußen vor dem Klassenzimmerfenster zu widmen. Die Beschäftigung mit der (lebendigen) Umwelt wird als Ablenkung abgetan mit der gleichzeitigen Forderung, sich wieder auf die digitalen (unbelebten) Inhalte des Unterrichts im Klassenzimmer zu konzentrieren. Dabei steckt so viel Wertvolles in der vermeintlichen Ablenkung durch lebendige tierische Lernbegleiter (Abb. 57).

Abb. 57: Schnecke

Viele moderne didaktische Unterrichtsgestaltungen werden zunehmend häufiger mit dem Wissen um diese Umstände durchgeführt. Denn je mehr Varianten in der Präsentation von Lerninhalten angeboten werden, die die ganzheitliche Wahrnehmung ansprechen, „umso besser und langfristiger wird Wissen gespeichert, desto fester wird es verankert" (Zimmer 2005, 31).

Auch in Beratungsgesprächen mit Schülern können Tiere als *Eisbrecher* und vertrauensvolle Zuhörer eine wirkungsvolle Bereicherung z.B. in der Schulsozialarbeit darstellen, wie das Fallbeispiel mit Schnecke Cookie zeigt.

FALLBEISPIEL

Ein Schüler des siebten Jahrgangs in einer Schule mit dem Förderschwerpunkt Geistige Entwicklung wurde von seiner Klassenlehrerin zu mir in die Schulsozialarbeit geschickt, um an seinen aggressiven Verhaltensweisen bzw. an seiner sozialen Kompetenz zu arbeiten. Der Schüler J. war ein sehr fitter, cleverer und aktiver Junge mit all den typischen Problemen, die das jugendliche Alter und die Pubertät so mit sich bringen.

In der ersten Sitzung ging es erst einmal darum, ein gutes Joining zu gestalten, um eine angenehme Atmosphäre herzustellen und Vertrauen aufzubauen.

J. war sehr interessiert an meinen drei Achatschnecken, die unter der Woche in einem Terrarium im Büro der Schulsozialarbeit lebten (Abb. 58). Das nahm ich natürlich gerne auf. Ich bot ihm an, eine Schnecke *näher kennenzulernen* und wir holten Schnecke Cookie zu uns auf den Tisch. J. beschäftigte sich voller Faszination mit der Schnecke und stellte neugierig und wissbegierig ganz viele Fragen zu den Tieren, die so anders sind als wir und die meisten Tiere, die wir kennen.

Schließlich fragte er, ob die Schnecken auch Ohren haben und hören können. „Nein, Schnecken haben keine Ohren und können nicht hören. Sie können Vibrationen wahrnehmen, aber nicht hören, was wir sagen", sagte ich.

„Krass! Dann kann ich die beleidigen und das interessiert die gar nicht?!", rief J. völlig begeistert. Und damit hatte er mithilfe von Schnecke Cookie genau sein Problemthema angesprochen – und das gleich in der ersten Hälfte der ersten Sitzung!

Wir sprachen noch eine Weile darüber, während wir Schnecke Cookie beobachteten und J. sie auf seinen Händen spürte. Ich orientierte mich bei dem Gespräch am Ich-schaff's!®-Programm von Ben Furmann und erarbeitete mit J. das Ziel, Beleidigungen anderer zu ignorieren und ruhig zu bleiben.

Am Ende des Gesprächs sagte J. noch, Schnecke Cookie sei jetzt sein Vorbild: „Wenn mich das nächste Mal jemand beleidigt, tu ich einfach so, als sei ich Cookie und als würde ich das gar nicht hören!"

Abb. 58: Schnecke Cookie

5.1 TGI aus entwicklungspsychologischer Sicht

Die Entwicklungspsychologie ist ein sehr breites Fachgebiet, da sie die gesamte menschliche Entwicklung mit all ihren Facetten umfasst. Für unser Thema der systemischen tiergestützten Intervention betrachten wir im Folgenden nur ausgewählte Themenbereiche, beginnend mit der sozial-emotionalen Entwicklung, und konzentrieren uns insgesamt auf das Kindes- und Jugendalter (Tab. 1).

Die Entwicklung sozialer Kompetenz hängt eng mit der Emotionsentwicklung und -regulation zusammen.

Tab. 1: Meilensteine der kindlichen Entwicklung im Überblick und die Bedeutung des Tieres in der jeweiligen Entwicklungsphase

Entwicklungsphase	Meilensteine	Bedeutung des Tieres in dieser Phase
Kleinkind u. Vorschulkind (2–5 Jahre)	• Laufen lernen • Denk- und Sprachentwicklung • kindliches Spiel • soziale Beziehungen • Zeichnen und Malen • Regelspiele	• Die Anwesenheit von Tieren vermittelt Sicherheit und Geborgenheit. • Das Tier kann als Vermittler zwischen der Welt des Kindes und der Erwachsenenwelt fungieren. • Unterstützung bei Balance und Kontrolle von Gefühlen, bei der Bewältigung von Krisen, bei Förderung von motorischer Bewegung und sprachlicher Entwicklung
Grundschulkind (6–10 Jahre) und späte Kindheit (10–12 Jahre)	• Schulfähigkeiten • kognitive Umstrukturierung • Erwerb der Schriftsprache • begriffliche Kategorisierung • differenzierte Wahrnehmungsleistungen • Lernmotivation • Leistungs- und Sozialkompetenz • Ausbildung eines eigenen Fähigkeitskonzepts • zunehmende Bedeutung von Peers • Erwerb von Moral und Werten	• Hilfe bei Anforderungen • bzw. Entlastung • zuverlässiger und geduldiger Zuhörer • Umgang mit Ängsten, Sorgen und Frustration • Verantwortung und Bewusstsein für ein Lebewesen
Jugend frühe, mittlere, späte Adoleszenz (11–21 Jahre)	• vielfältige Entwicklungsaufgaben • Selbstkonzept und Identitätsfindung • körperliche Veränderungen • Verunsicherungen • Streben nach Autonomie; Ablösung	• Zufluchtsort und Tröstung • Das Tier als einziger echter Freund • Tiere können eine sinnvolle Lebensaufgabe bieten sowie Halt gegenüber der Erwachsenenwelt. • Tiere vermitteln ein realistisches Bild von Stärken und Schwächen. • Tiere ermöglichen ganzheitliche Lernerfahrungen.

„Ein erfolgreicher sozialer Umgang setzt auch voraus, dass man seine eigenen Gefühle unter Kontrolle hat und über Strategien zur Bewältigung von Konflikten verfügt" (Oerter 2002b, 246).

Der Zusammenhang von Sozialkompetenz und Emotionsregulation wird in einer Untersuchung von Eisenberg et al. (2006) bestätigt. Aus den Ergebnissen dieser Untersuchung geht hervor, dass Kinder, die in der Lage sind, ihre Emotionen zu regulieren und sich entsprechend zu verhalten, auch in ihrem näheren sozialen Umfeld wie Schule und Familie angepassteres und sozial kompetenteres Verhalten zeigen (Oerter 2002b). Der Begriff der sozialen Kompetenz wird in der Fachliteratur häufig synonym mit den Begriffen soziale Intelligenz oder soziale Fertigkeiten verwendet.

„Soziale Kompetenz stellt einen Oberbegriff für verschiedene Fähigkeiten dar, die es ermöglichen, im Umgang mit Menschen effektiv zu handeln" (Becker 2008, 106).

Unter effektivem Handeln wird in diesem Zusammenhang die Verwirklichung der eigenen Ziele im Einklang mit der Aufrechterhaltung sozialer Interaktionen, Beziehungen und Gruppenzugehörigkeiten verstanden. Dieser Aspekt lässt sich erweitert auch auf die tiergestützte Interaktion übertragen: Im Kontakt mit den Tieren können Kinder lernen, die eigenen Ziele umzusetzen und bekommen dabei direkte und authentische Rückmeldung zu ihren ausgewählten Handlungsstrategien. Zugleich müssen sie bei der Umsetzung ihrer Ziele auch die Bedürfnisse der Tiere berücksichtigen. Das ist zunächst einmal leichter als die Umsetzung der Ziele der anderen Menschen. Die gemachten Erfahrungen lassen sich in der Bewusstwerdung der eigenen Selbstwirksamkeit und Handlungsfähigkeit in der Reflexion auf zwischenmenschliche Interaktionen übertragen.

Oerter (2002b) definiert den Begriff der Kompetenz als eine

„Vielzahl von Einzelleistungen und -fertigkeiten, die sich im Laufe der Entwicklung zu jeweils einem bestimmten Niveau der Bewältigung von Lebens- bzw. Entwicklungsaufgaben organisieren" (Oerter 2002b, 243).

Der Begriff der sozialen Kompetenz beinhaltet demzufolge neben kognitiven und affektiven Aspekten auch Handlungskomponenten. In der psychologischen Forschung findet man weniger Antworten auf die Frage nach der Entwicklung sozialer Kompetenz im Allgemeinen, sondern vielmehr eine Unterteilung in verschiedene entwicklungspsychologische Ansätze wie Entwicklung sozialer Kognition oder prosozialen Verhaltens. Als wichtige soziale Kompetenzen beschreibt Becker (2008)

> „komplexe soziale Kognitionen, kommunikative, emotionale und handlungsstrukturierende Fähigkeiten" (Becker 2008, 107),

wobei er die soziale Perspektivenübernahme als grundlegend erachtet.

Sowohl Becker als auch Oerter verweisen im Kontext sozialer Kompetenzentwicklung auf das Modell von Dodge und Mitarbeitern, das die kognitive Perspektive sozialer Kompetenz in sechs Phasen sozialer Informationsverarbeitung darstellt (Becker 2008):

1. Wahrnehmung von Informationen,
2. Interpretation von Informationen,
3. Klärung des Handlungsziels bzw. der Handlungsziele,
4. Suche nach Handlungsalternativen,
5. Auswahl einer Handlungsalternative und
6. Handeln.

Zudem werden in diesem Modell fünf Komponenten sozialer Interaktion unterschieden, die sich wechselseitig beeinflussen:

1. soziale Reize, d. h. Situationen, die eine soziale Aufgabe beinhalten,
2. Informationsverarbeitung dieser Schlüsselreize,
3. Sozialverhalten des Kindes als Folge dieses Verarbeitungsprozesses,
4. Beurteilung des Verhaltens durch die Peers und
5. Sozialverhalten der Peers dem Kind gegenüber (Oerter 2002b).

Videobasierte Untersuchungen, die durch Interviews gestützt wurden, bestätigten das Modell, wobei kritische Fragen offenbleiben. Es sei jedoch darauf hingewiesen, dass soziale Kompetenz aufgrund ihrer Vielschichtigkeit bereichs- bzw. situationsspezifisch betrachtet werden muss und somit nicht allgemeingültig ist. Deutlich wurde, dass mit zunehmender Erfahrung und zunehmenden Alter der Kinder auch das sozialkompetente Verhalten anstieg (Oerter 2002b).

Gleichaltrige bzw. ein intensiver Kontakt zu ihnen und ausreichende soziale Interaktionen spielen eine äußerst bedeutsame Rolle in der Entwicklung eines Kindes und für seine Persönlichkeitsbildung und können entscheidend sein für den Verlauf des weiteren Lebensweges.

Nach dem Modell von Dodge et al. (1986) verläuft die Informationsverarbeitung in sechs Phasen. Inwiefern spielt dies aber nun eine Rolle für die tiergestützte Interaktion? Um das zu verdeutlichen, werden im Folgenden praxisnahe Situationen am Beispiel einer tiergestützten Interaktion mit einem Hund geschildert und in Bezug zum Informationsverarbeitungsmodell gesetzt. Außerdem werden beispielhaft Komponenten sozialer Interaktion mit einbezogen.

1. **Wahrnehmung von Informationen:** Das Kind nimmt die Anwesenheit des Hundes im Raum wahr, es nimmt den Hund selbst wahr sowie die anderen anwesenden Personen. Insbesondere bei der ersten Begegnung mit dem Hund sollte diesem ersten Schritt der Wahrnehmung ausreichend Zeit gegeben werden. Zum Kennenlernen können Spiele gespielt werden, die das Wahrnehmen bewusst machen und fördern.
2. **Interpretation von Informationen:** Das Kind interpretiert die Situation, in der es sich befindet. Hier gilt es, besonders ängstliche und zurückhaltende Kinder zu unterstützen und falschen Interpretationen und Deutungen des Hundeverhaltens durch Aufklären bzw. ausführliches Erklären vorzubeugen. Das Interpretieren kann z. B. durch genaues Beobachten von Kind-Hund-Interaktionen geübt werden.
3. **Klärung des Handlungsziels bzw. der Handlungsziele:** In der Interaktion muss das Kind sich bewusst sein, was es mit seiner Handlung erreichen möchte. Beispielsweise möchte das Kind, dass der Hund zu ihm kommt und sich streicheln lässt. Es ruft einfach den Namen des Hundes in den Raum, möglicherweise kommt der Hund sogar, weicht aber aus oder entfernt sich wieder, sobald sich die Kinderhand von oben in Richtung Hundekopf nähert.
4. **Suche nach Handlungsalternativen:** Nun besteht die Aufgabe für das Kind darin, die gelernten Anweisungen genau zu befolgen, um das Ziel zu erreichen. Die Aufgabe des Pädagogen besteht darin, das Kind bei der Suche nach Handlungsalternativen durch gemeinsame Erörterung der Situation und das Benennen der Ursachen für das Verhalten des Hundes und somit für die Nichterreichung des angestrebten Ziels zu unterstützen und klare, einfach strukturierte und leicht auszuführende Anweisungen zu erteilen. Dem Kind sollte aber genügend Freiraum für weitere Handlungsoptionen überlassen werden. Nützliche Fragen könnten hier sein: Was könntest du stattdessen tun? Wozu wäre das gut? Was brauchst du dafür? Was hast du davon? Was hat der Hund davon?
5. **Auswahl einer Handlungsalternative:** Das Kind entscheidet sich für eine Handlungsoption und das Ausführen einer alternativen Handlung mit

der Erwartung bzw. in der Hoffnung, das angestrebte Ziel (den Hund zu sich zu rufen, um ihn zu streicheln) zu erreichen.

6. **Handeln:** Die alternative Handlung (den Hund nach Anweisung und unter Beachtung der Regeln zu sich rufen, um sich dem Hund ebenso regelkonform nähern zu können) wird ausgeführt und führt im besten Fall zum Erfolg. Bei Misserfolg wird wieder bei Schritt 3 angesetzt.
   Wichtig ist es hier auch wieder, den Erfolg anzuerkennen und zu *feiern*: „Wow – das hast du jetzt aber gut gemacht! Das war bestimmt gar nicht so leicht für dich! Ich weiß nicht, ob ich die Regeln so schnell hätte umsetzen können. Wie hast du das geschafft?“ (Abb. 59).

Abb. 59: Die sechs Schritte des Informationsverarbeitungsmodells nach Dodge et al. – erweitert und adaptiert an die Kind-Hund-Interaktion im tiergestützten Setting von Darga (2012)

TIPP

Auf einer Decke wird Spielzeug und/oder Hundezubehör ausgelegt. Ein Kind schaut sich die Gegenstände genau an und versucht sich einzuprägen, an welchen Orten sie sich befinden. Während dieses Kind vor der Tür wartet, verändern die anderen Kinder etwas. Der Hund kann hier auch mit einbezogen werden, indem er selbst etwas verändert – z. B. kann er mit einem Spielzeug spielen oder etwas apportieren. Er kann aber auch zuvor auf der Decke abgelegt werden und verändert seine Position oder sein Halsband/Geschirr wird abgelegt/verändert. Das Kind, das draußen gewartet hat, darf nun hereinkommen und muss herausfinden, was sich verändert hat (Abb. 60).

Abb. 60: Begleithund Caspar mit Spielzeugen auf einer Decke

In der Realität, d. h. in alltäglichen Lebenssituationen laufen die einzelnen Verarbeitungsprozesse in Sekundenschnelle ab. Um aber gerade Kindern, die dazu neigen, Situationen voreilig zu interpretieren und die dadurch möglicherweise schnell überreagieren, Alternativen ihres Handelns aufzuzeigen, bietet sich diese *Überbetonung* der einzelnen Informationsverarbeitungsschritte gut an. Vor allem aggressive Kinder unterliegen häufig dem sogenannten feindlichen Attributionsfehler, der „Tendenz, mehrdeutigen Handlungen anderer eine feindliche Absicht zu unterstellen" (Siegler et. al. 2005, 489). Das bedeutet, Situationen und Handlungen anderer werden falsch interpretiert und führen zu unwahren Schlussfolgerungen. Bezogen auf eine Kind-Hund-Interaktion könnte sich dies beispielsweise darin äußern, dass ein Kind dem Hund unterstellt, er würde absichtlich nicht zu ihm kommen, weil er es nicht mag. Fordert man dieses Kind nun dazu auf, das Verhalten des Hundes genau zu beobachten, die Situation – das eigene Agieren eingeschlossen – bewusst wahrzunehmen und zu interpretieren, unterstützt man es bei der Suche und der Auswahl von Handlungsalternativen und ermutigt zum Ausführen alternativer Handlungen. Auf diese Art und Weise können demnach soziale Interaktionen und Verhaltensweisen mit Hilfe eines Hundes trainiert und gefördert werden. Es wird Einfluss genommen auf die dritte Komponente sozialer Interaktion nach Dodge et al. (1986): das Sozialverhalten des Kindes als Folge dieses Verarbeitungsprozesses. Der Vorteil eines Hundes in einem solchen Trainingsprozess liegt in der Distanz zur Situation. Das Kind befindet sich nicht in direkter Konfrontation sozialer Auseinandersetzungen, sondern hat die Gelegenheit, über den Hund soziale Situationen zu üben. Das Gelernte kann durch das Bewusstmachen der einzelnen Verarbeitungsschritte und durch das Aufzeigen von weiteren Interpretationsmöglichkeiten und alternativen Handlungsoptionen auf *echte* zwischenmenschliche Situationen übertragen werden. In Form von Beobachtungen

> „eines Tieres und das Erkennen seiner ‚Intentionen' kann die Fähigkeit zur Analyse sozialer Situationen gefördert werden [und] Kenntnisse und Erkenntnisse in der Interaktion mit dem Tier können unter Umständen auf Situationen mit Menschen übertragen werden" (Vernooij/Schneider 2010, 112).

Über die soziale Interaktion mit dem Hund kann die Empathiefähigkeit sowie die Perspektivenübernahme (Wie empfindet der Hund, wie nimmt der Hund die Situation wahr?) geschult werden. Auch gegenüber sozialen Rollenspielen mit Peers verfügt die Interaktion mit dem Hund über gewisse Vorteile: Der Hund bewertet die Aussagen nicht und macht keinerlei Vorwürfe. Dadurch ist der Hund ein Gegenüber, bei dem mögliche Hemmungen oder höfliche Zurückhaltungen minimiert werden oder sogar gar nicht erst aufkommen. Insbesondere bei sozial unsicheren oder ängstlichen Kindern kann sich dieser Sachverhalt als hilfreich erweisen, denn

> „soziale Ängste, die den Umgang mit anderen oft erschweren, verhindern oder in sozial nicht akzeptable Bahnen lenken, können im Umgang mit dem Tier eher abgebaut werden als im Umgang mit Menschen" (Vernooij/Schneider 2010, 114).

Es wird eine völlig freie Übungssituation geschaffen – frei im Sinne von Raum für vielfältige Möglichkeiten des Ausprobierens. Die Rahmenbedingung, dass bestimmte Regeln eingehalten werden müssen, bleibt selbstverständlich bestehen.

Die Basis vieler sozialer Verhaltens- und Kompetenztrainings bilden lerntheoretische sowie kognitiv-behaviorale Grundlagen (Jugert et al. 2007). Mit dem Aufbau tiergestützter Interventionen zum Training sozialer Kompetenzen auf das Modell von Dodge et al. (1986) werden wesentliche verhaltenstherapeutische Kennzeichen wie Modelllernen, Rollenspiele, positive Verstärkung und unmittelbare Rückmeldungen bezüglich des Verhaltens sowie Übungen zur Erleichterung der Übertragung auf Alltagssituationen berücksichtigt. Die Effektivität einer solchen Intervention bedarf jedoch noch ausführlicher Evaluation.

Die Relevanz für systemisch-tiergestützte Interventionen ergibt sich aus der Tatsache, dass eine Kind-Hund-Interaktion nicht freigestellt ist von Beurteilungen und Bewertungen der Peers, was sehr hilfreich für unseren Prozess sein kann, da es uns eine optimale Gelegenheit bietet, zirkuläre Fragen zu stellen und durch Vertiefungsfragen (Was noch?) oder Erweiterungsfragen (Wer noch?) in die Tiefe zu gehen, dazu anzuregen genauer hinzuschauen und sich selbst wahrzunehmen.

TIPP

Die stille Streichelpost funktioniert nach dem gleichen Prinzip wie das altbekannte Spiel Stille Post, nur dass hier keine Wörter weitergeflüstert, sondern Berührungen weitergegeben werden. Die Kinder sitzen hintereinander mit dem Rücken zueinander. Das erste Kind wird gebeten, sich eine angenehme Berührung zu überlegen und diese Streichelpost dann auf den Weg zu schicken. Das zweite Kind wird gebeten, genau zu fühlen und die Berührung, die es auf seinem Rücken wahrgenommen hat, weiterzugeben an den nächsten. Alle anderen warten geduldig ab (ohne zu gucken), bis die Streichelpost bei ihnen ankommt. Das letzte Kind, das die Berührung empfängt, darf diese dann an den Hund weitergeben und alle können sehen, welche Berührung am Ende angekommen ist. Um Frust und Enttäuschung vorzubeugen, ist es empfehlenswert, vor Spielbeginn die Kinder dafür zu sensibilisieren, dass jeder Berührungen anders wahrnimmt und es nicht um richtig oder falsch geht. Und wie beim echten Stille-Post-Spiel ist es eine Überraschung, was am Ende dabei herauskommt.
Wenn die Streichelpost an den Hund weitergegeben wurde, werden die Kinder gefragt, wie sie die Berührung empfunden haben, ob es angenehm oder eher unangenehm war. Daran angeschlossen wird die Frage, wie der Hund die Streichelpost wohl empfunden hat. Durch diese Reflexion erfahren die Kinder, dass jeder anders wahrnimmt und dass auch gut Gemeintes nicht unbedingt immer auch so beim Empfänger ankommt. Das schult das Empathievermögen und die soziale Perspektivübernahme. Durch den Einbezug des Hundes wird zusätzlich eine Sensibilisierung für die (anderen) Bedürfnisse, Empfindungen und Wünsche eines Hundes geschaffen.
Das Kind, das die Berührungen zuletzt empfangen und an den Hund weitergegeben hat, darf dann die nächste Streichelpost auf den Weg schicken. So geht es reihum, bis alle dran waren.
Diese Übung kann man sehr gut auch mit allen anderen Tierarten durchführen. Voraussetzung für das Tier ist, dass es in der Nähe bleiben bzw. ruhig abwarten kann und Berührungen gerne zulässt.

5.2 Bedeutung der Spielentwicklung

Da die systemische Beratung und Intervention in erster Linie auf Gesprächstechniken beruht, kommt im praktischen Alltag oft die Frage auf, wie systemisches Arbeiten mit Kindern oder mit Menschen, die nicht oder nur wenig über verbale Sprache kommunizieren, funktionieren kann. Mit unseren rein sprachlichen Techniken und Tools kommen wir mit diesem Klientel daher schnell an unsere Grenzen. Wir können uns aber an der natürlichen Ausdrucksform von Kindern orientieren: dem Spiel (Retzlaff 2008). Und auch bei erwachsenen Menschen, die die Fähigkeit des Sprechens nicht oder nur geringfügig beherrschen, kann dies eine nützliche und sinnvolle Zugangsweise sein. Denn mit Tieren spielen auch Erwachsene gerne noch ganz ungezwungen! Doch in diesem Buch liegt das Augenmerk auf der Arbeit mit Kindern.

Bei der Auseinandersetzung mit den eigenen Problemen und Unzulänglichkeiten, Schwierigkeiten oder auch ernsthaften Symptomen helfen Kindern spielerische Kommunikationsformen ungemein (Retzlaff 2008).

Um das Kind angemessen in seiner Entwicklung begleiten zu können, muss das Kind in seinem eigenen Tempo wahrnehmen, lernen und begreifen können. Nur wenn weder Über- noch Unterforderung stattfinden, können Entwicklung gelingen und Fortschritte gemacht werden. Dazu muss das (tiergestützte) Setting für das Kind von uns so gestaltet werden, dass es seinem Streben nach Autonomie und Selbstbestimmung in freier Entfaltung nachgehen kann. Dies stellt eine besondere Herausforderung dar, da wir im professionellen Setting – sowohl im pädagogischen Kontext als auch im tiergestützten – stets auf die Einhaltung von Struktur und Regeln achten müssen, um das Wohlbefinden aller beteiligten Menschen und Tiere sicher im Blick zu haben und uneingeschränkt gewährleisten zu können.

Um das Setting adäquat gestalten zu können, brauchen wir grundlegendes Wissen aus den relevanten Fachbereichen, in denen wir unseren Klienten begegnen. Als besonders hilfreich für die tiergestützte Intervention mit Kindern hat sich neben dem Wissen über die Meilensteine kindlicher Entwicklung das Wissen über die Spielentwicklung erwiesen.

Wenn wir also ein angemessenes Setting für eine sinnvolle Förderung mit einem Kind gestalten möchten, müssen wir dies so tun, dass es nicht nur den Bedürfnissen der eingesetzten Tiere und unserem fachlichen Anspruch entspricht, sondern und vor allem dem aktuellen Entwicklungsstand des Kindes.

Die Interaktion sollte spielerisch beginnen.

„Das Kind muss aktiv in das Geschehen einbezogen werden. Wenn die Therapiesitzung Kinder erreichen soll, muss sie lebendig sein, neue Erfahrungen ermöglichen und die unterschiedlichen Sinnesmodalitäten ansprechen" (Retzlaff 2008, 21).

Dafür bieten uns unsere Tiere im wahrsten Sinne des Wortes jede Menge *Spielraum* an.

Und diese natürliche Motivation, sich im Spiel mit sich selbst und seiner Umwelt auseinanderzusetzen, können wir uns in unseren Interventionen mit Kindern zu Nutze machen, denn:

„Spielen ist die zentrale Tätigkeitsform des kindlichen Lebens. Keine andere Verhaltensweise zieht so viel kindliche Aufmerksamkeit in ihren Bann, und nirgendwo strengen sich Kinder mehr und ausdauernder an, um ein eigenes Ziel zu erreichen" (Mogel 2008, 9 H.i.O.).

Und auch Tiere spielen gerne, vorausgesetzt die Bedingungen dafür sind gegeben, also die Bedürfnisse des Tieres sind erfüllt und es fühlt sich wohl und sicher. Kommt es zu einem Spiel zwischen Tier und Kind aus jeweils eigenem Antrieb heraus, ist dies wohl die höchste Kunst der Tiergestützten Intervention. Gleichzeitig ist es wahrscheinlich auch eine der wirksamsten sowohl für die Entwicklung des Kindes als auch für die Prozessgestaltung der systemischen, pädagogischen Intervention.

„Den Sinn eines Spiels aus der Sicht des Kindes neu zu entdecken, trägt dazu bei, dass wir unsere Kinder in ihrem Spiel weniger behindern oder ihr Spiel gar unterbinden, weil wir den Sinn ihres Tuns nicht erkennen können" (Largo 2021, 261).

Unbedingt beachtet werden muss bei dieser Methode des freien Spiels jedoch, worauf in vorangegangenen Ausführungen bereits schon hingewiesen wurde: Das Wohlergehen von Mensch und Tier muss bestmöglichst durch ein gutes Risikomanagement gewährleistet sein, denn „kommunikative Missverständnisse und daraus resultierende Unfälle zwischen Mensch und Tier sind möglich" (Otterstedt 2011, 2).

In der entwicklungspsychologischen Betrachtung der kindlichen Spielentwicklung werden verschiedene Formen des Spiels unterschieden (Tab. 2).

Die früheste Form der Spielhandlung ist *das funktionelle Spiel* oder auch das Übungsspiel. Wie der Name schon sagt, hat diese Spielform in erster Linie eine Funktion, und zwar die Funktion des Erkundens. Das Kind möchte sich in seiner Welt zurechtfinden, diese ganzheitlich begreifen, auch im Sinne von berühren und sich selbst in dieser Welt wahrnehmen. Der Umgang mit verschiedenen Dingen, Materialien und Gegenständen fördert dabei auch auf der motorischen Ebene die Entwicklung des Greifens. Das funktionelle Spiel wird über Nachahmung von Bezugspersonen aufgebaut und bis ins Erwachsenenalter gezeigt. Durch funktionelles Spielen werden unsere kognitiven Strukturen ausgebaut und es entsteht unsere Fähigkeit zum Verständnis von kausalen Zusammenhängen.

Im *Konstruktionsspiel*, etwa ab dem dritten Lebensjahr, ist ein Kind in der Lage, nach eigenen Vorstellungen etwas zu konstruieren, z.B. Bauklötze zu stapeln oder einen Behälter mit Inhalt zu füllen. In diesen Spielen wird die Umwelt vom Kind aktiv miteinbezogen und von Beteiligten werden Antworten auf die sich ergebenen Fragen verlangt. Hierbei werden vor allem Geduld und der Umgang mit der eigenen Emotionalität gelernt.

Das *Symbolspiel* beinhaltet häufig das Konstruktionsspiel und ist Grundlage von Rollenspielen und *So-tun-als-ob-Spielen*.

Das *Rollenspiel* kann auch als fiktives Spielen oder als Fantasiespiel bezeichnet werden. Es geht darum, eine Funktion zu erfüllen, eine Aufgabe auszuüben und sich seiner eigenen Bedeutung bewusst zu werden.

Das Parallelspiel ist eine Zwischenform von Einzel- und Gruppenspiel und die Voraussetzung für späteres gemeinsames Rollenspiel. Diese Spielhandlung beginnt etwa im Alter von drei bis vier Jahren. Das Rollenspiel besitzt eine hohe Bedeutung für die Entwicklung von Intelligenz und Empathie. Gespielte Situationen und Handlungen werden hinterfragt. Neben der Frage, was der Spielpartner tut, entwickelt sich die Fragestellung, wie der Spielpartner ist und wie ich selbst bin.

Das *Regelspiel* ist die höchste Spielentwicklungsstufe und überlebenswichtig in zweckdienlichen Gemeinschaften wie z.B. der Schule. Es wird etwa ab dem fünften Lebensjahr gezeigt, gewinnt im Grundschulalter zunehmend an Bedeutung und beinhaltet oft Teile anderer Spielformen. Im Regelspiel kann das Kind lebenswichtige Kompetenzen üben, die Akzeptanz und Einhaltung von Regeln erlernen ebenso wie Konfliktbewältigungsstrategien (Leyendecker 2005).

Tab. 2: Spielentwicklung im Überblick und Ideen für die TGI unter Berücksichtigung der Spielphasen und -formen

Spielform	Beginn	Funktion	Berücksichtigung in der TGI
Funktionsspiel	Beginn bereits vor der Geburt (sensomotorisches Spiel) Erkundungsspiel ab ca. 3-4 Monaten wird gezeigt bis ins Erwachsenenalter	„Übungsspiel" Dinge, Gegenstände und auch sich selbst wahrnehmen, berühren, erkunden Nachahmung Auseinandersetzung mit der eigenen Welt Förderung der Motorik und Entwicklung des Greifens	verschiedene Materialien, Gegenstände und Futtermittel mit unterschiedlicher Beschaffenheit und Form nutzen, z. B. eine Auswahl an Tier-Spielzeug zur Verfügung stellen oder Naturmaterialien aus der Umgebung des Tieres nutzen
Konstruktionsspiel	ab 18 – 24 Monate	etwas konstruieren, erschaffen stapeln, bauen, umwerfen, … Geduld und Umgang mit eigenen Emotionen erlernen	Dinge stapeln, Leckerlis in Behältern verstecken Futter zubereiten Parcours gestalten
Symbolspiel	ab ca. 12 Monate	„So-tun-als-ob-Spiele" Gegenstände als Spielsymbole nutzen Figuren, Stofftiere, Puppen Vorstufe des Rollenspiels	Einsatz von Tierfiguren und Stofftieren
Rollenspiel	ab ca. 3 Jahren	Funktion erfüllen, Aufgabe ausüben Bewusstwerdung der eigenen Bedeutung Entwicklung von Perspektivübernahme und Empathievermögen	Rolle zuweisen teilweise Verantwortung für die Übernahme von kleineren Versorgungsaufgaben übergeben in die Rolle des Tieres schlüpfen lassen
Regelspiel	ab ca. 5 Jahren	Erstellen eigener Spielregeln Übernahme von Aufgaben Übung sozialer Regeln	Regeln benennen/erstellen Tiere in (Brett-)spiele miteinbeziehen, Spiele mit den Tieren gestalten spielerische Übungen zu Schwerpunkt-Themen (z. B. Lesen)

6 Tiergestützte systemische Familientherapie

Das eingesetzte Tier ist die Erweiterung eines bestehenden, etablierten Behandlungskonzeptes. Beetz (2021), Prothmann (2008) und auch Wohlfarth/ Mutschler (2022) definieren die Tiergestützte Therapie als ein zielgerichtetes Verfahren, das von ausgebildeten Fachleuten angeboten wird.

Es ist uns wichtig, nicht von *der* tiergestützten Therapie zu sprechen. Vielmehr ist es so, das bestehende, therapeutische Settings durch den Einsatz eines Tieres bereichert werden können. Neben der Ergotherapie, der Psychotherapie u.a. kann auch die systemische Familientherapie tiergestützte Interventionen integrieren. Systemische Therapie zielt grundsätzlich darauf ab, reflektorische Prozesse zu aktivieren. Der Klient wird darin unterstützt und begleitet, sein Erleben, Wahrnehmen und Handeln zu überdenken.

Um die Allparteilichkeit sicherzustellen, ist es hilfreich, den oder die ersten Termine mit der gesamten Familie durchzuführen. Der sogenannte Indexpatient ist häufig das Kind oder der Jugendliche. Zunächst sollte nicht nach dem Problem gefragt werden. Stattdessen könnten erste Muster durchbrochen werden, wenn wir die besonderen Fähigkeiten und Kompetenzen des Indexpatienten erfragen. Wir können ihn direkt ansprechen oder auch die Eltern oder Geschwister bitten, etwas Wertvolles, Kostbares, von der Person zu benennen. Ab diesem Augenblick sind wir aus dem defizitären Denken heraus und laden auch die Familie ein, nach Wertvollem zu schauen. Die meistens bedrückte Stimmung zu Beginn einer Zusammenarbeit kann sich merklich lockern. Was nicht gut läuft, wissen alle Beteiligten nur zu gut. Den Blick auf die Ressourcen zu lenken, ist für die Familien oft ungewohnt und erfordert eine Grundbereitschaft zur Veränderung.

Das Unterbrechen von altbekannten Mustern soll Exploration und Schaffung neuer Erlebnisräume anregen. *Tiere laden ständig zu neuen Herausforderungen ein.* Kreativität hilft hier zu neuen Erfahrungen, zum Unterbrechen von Mustern und schafft Raum für nachhaltiges Erleben, das einen Gewinn für zukünftige Problemlösestrategien haben kann.

Im Gegensatz zur Pädagogik, die in der Regel den Aufbau von Fertigkeiten fördert, sieht die systemische Therapie eine Auseinandersetzung mit der eigenen Biografie vor. Der Ausbau der Eigen- und Fremdwahrnehmung steht im Fokus der Arbeit. Selbstreflektorisches Handeln kann neue Wege aufzeigen und zu zielgerichteten Selbstwirksamkeitserfahrungen führen. Der hohe Aufforderungscharakter der Tiere ist hier eine große Chance. „Der Therapeut wird zum Modell einer antwortgebenden, respondierenden Bindungsfigur" (Prothmann 2008, 58).

Schon bei der Gestaltung des Settings ist es hilfreich, darauf zu achten, dass sich alle Familienmitglieder wohlfühlen. Kleinkinder sollten bspw. einen Spielbereich zur Verfügung gestellt bekommen. Hier können bereits erste Hypothesen erstellt werden, wenn wir die Eltern beobachten, wie viel *Spielraum* sie ihrem Kind geben oder auch entsprechende Grenzen setzen (Hanswille 2015, 70 ff.). Auch für den eingesetzten Hund gibt es einen Rückzugsort und einen Platz für Interaktion. Neben den Getränken für die Menschen steht immer auch ein Napf mit frischem Wasser für den Hund zur freien Verfügung (Abb. 61).

Abb. 61: Schaf

Die Auftragsklärung ist das zentrale Kernthema in familientherapeutischen Settings. Es kann bereits einige Termine in Anspruch nehmen, den oder die Aufträge zu ermitteln. Kinder haben in der Regel andere Ziele als deren Eltern. Häufig sind die Ziele der Eltern auch nicht miteinander übereinstimmend und es werden neue, versteckte Ziele auf der Erwachsenenebene entdeckt. So kann das Kind, als Indexpatient, auch schon mal aus dem unmittelbaren Fokus kommen. Dies wiederum führt dazu, dass die Settings völlig den aktuellen Bedürfnissen angepasst werden sollten. Es kann Termine nur mit den Eltern geben, mit nur einem Elternteil oder auch nur mit einem Kind. Häufig erweist sich das Erstellen von Genogrammen zu Beginn der Therapie als höchst effizient. Diese Variablen sind nur dann von allen Beteiligten akzeptiert, wenn der Beziehungsaufbau gelungen ist und die Allparteilichkeit glaubhaft verankert ist. Dabei kann der Einsatz eines Tieres (z. B. eines Hundes) uns behilflich sein. Sollte es bspw. im zweiten und dritten Termin zu veralteten, negativen Zuschreibungen des Kindes kommen, können wir dem Kind bewusst eine wertvolle Zeit mit dem Hund anbieten. Dies kann das gemeinsame Sitzen auf dem Teppich oder der Couch sein oder auch ein gemeinsames *Training* mit Materialien. Der Hund wird immer dazu beitragen, dass das Kind sich gesehen und geschätzt fühlt.

Retzlaff (2008) beschreibt die Wichtigkeit, dass die Kinder mit ihren Interessen und individuellen Bedürfnissen von den Eltern gesehen werden sollten. Ein achtsamer Umgang mit eigenen Bedürfnissen und denen des Kindes sei Grundlage eines wertvollen Miteinanders, das auch zur eigenständigen Entwicklung des Kindes führt. Sollten diese Grenzen überschritten werden, ist die Markierung der Grenzen auch durch den Therapeuten vorzunehmen.

Dies können wir nonverbal durch die Aktivierung des Hundes erreichen. Lob und Anerkennung, die vom Therapeuten ausgesprochen werden, können oftmals nicht angenommen werden und werden hinterfragt. Die Zuwendung des Hundes oder auch eines anderen Tieres wird angenommen, selten hinterfragt und im besten Fall entsteht eine Bindungsfigur. Ein psychiatrischer Kollege sprach in diesem Zusammenhang einmal von einer *Oxytocin-Tankstelle*. Wissenschaftlich ist bewiesen, dass Tierkontakte zu einer gesteigerten Freisetzung dieses Hormons führen (Julius et al. 2014). Die Rollen der Bindungsbeziehungen innerhalb der Familien, mit denen wir arbeiten, sind häufig nicht fürsorglich gefüllt. Kinder werden häufig überfordert, sollen Rollen der Erwachsenen füllen.

„Gegenüber ihren Heimtieren hingegen können Kinder sowohl Bindungs- als auch Fürsorgeverhalten zeigen, ohne dass das Fürsorgeverhalten eine Pathologische Konnotion erhält" (Julius et al. 2014, 173).

Und genau das können wir in unseren Settings aufgreifen.

TIPP

Ein *Schulterschluss* mit der aktuell *angeklagten* Person, häufig sind es die Kinder oder der Jugendliche, ist sowohl für den Betroffenen als auch für die anderen Familienmitglieder eine Chance, um das eigene Erleben zu verändern. Werden bspw. der fünfzehnjährigen Natascha massive Vorwürfe gemacht, sodass sie sich völlig verurteilt und ohnmächtig fühlt, kann es hilfreich sein, die Sitzposition zu verändern und sich als Therapeut, auch in Begleitung des Hundes, direkt neben Natascha zu setzen.

Auch ein kleines *Reflecting-Team* mit dem Hund ist hilfreich. Beim Reflecting-Team, einer Reflexionsmethode nach Tom Andersen (1987), sprechen mehrere Therapeuten oder Fachkräfte in Anwesenheit des Klienten über ihn und die aktuelle Thematik. Der Klient hört zu. Ziel ist es, dem Klienten seine Situation zu spiegeln und ihm eine Reflexion aus verschiedenen Sichtweisen anzubieten: „Fiete, fällt es dir auch so schwer, den Eltern zuzuhören, wo du auch siehst, dass die Natascha sich ganz schrecklich fühlt? Also, ich wäre an ihrer Stelle bereits gegangen. Du auch?"

Natascha sieht sich gesehen, den Eltern fällt die unfaire Situation auf und das Setting wird sich verändern. Fiete hätte höchstwahrscheinlich aus eigenem Ermessen bereits Kontakt zu Natascha hergestellt, was auch das Faszinierende im tiergestützten Arbeiten ausmacht.

Im Folgenden werden wir einige tiergestützte systemische Interventionen im Hinblick auf Auffälligkeiten, Besonderheiten und Symptome im Kindes- und Jugendalter vorstellen.

Wir gehen bewusst nicht auf die Klassifikationen des ICD 10/ICD 11 ein, da dies unseren Handlungsspielraum überfordern würde. Dennoch können wir auf langjährige Erfahrung blicken, die uns den Umgang mit auffälligem Verhalten der Kinder und Jugendlichen mit den klassifizierten Krankheitsbildern möglich macht.

An erster Stelle sind die diagnostischen Möglichkeiten systemischer Familientherapie zu betrachten. Darüber hinaus stellen wir tiergestützte systemische Interventionen für folgende Bereiche vor:

- Auffälligkeiten im sozialen Verhalten,
- besonderes Essverhalten,
- Auffälligkeiten im Bindungsverhalten,
- depressive Tendenzen,

- Auffälligkeiten in der Aufmerksamkeit,
- somatoforme Besonderheiten,
- Reaktionen auf traumatische Erfahrungen und
- Trauerreaktionen.

Systemische TGI bei Auffälligkeiten im sozialen Verhalten: Grundsätzlich stellen wir fest, dass alle von uns genannten Besonderheiten des Verhaltens kontextabhängig sind.

Tiergestützte Interventionen für Kinder und Jugendliche, die ein auffälliges Sozialverhalten zeigen, sind überaus zielführend. Aggressives Verhalten, oppositionelles Verhalten und auch dissoziales Verhalten sind häufig ein Zeichen von Unsicherheit. Externalisierendes Verhalten tritt häufiger bei Jungen auf. Mädchen neigen eher zu introvertiertem Verhalten, wie bspw. dem Entwickeln von Auffälligkeiten im Essverhalten. Hier spielen Faktoren wie Kontrollerwerb und Emotionsregulierung eine große Rolle. Sie regulieren ihre Nahrungsaufnahme, um Gewicht zu verlieren (Anorexia Nervosa), sie essen große Mengen an Nahrungsmitteln, die sie wieder erbrechen (Bulimia Nervosa) oder sie haben eine Binge-Eating-Disorder. Dann essen sie große Mengen an Nahrungsmitteln innerhalb kurzer Zeit, um Gefühle wie Wut, Ärger, Stress zu regulieren. Das Gefühl von Kontrolle über den eigenen Körper und über Emotionen führt zu einem Gefühl von Sicherheit und Macht. Beides sind Bedürfnisse, die im familiären Milieu aus den unterschiedlichsten Gründen nicht in ausreichendem Maße erfüllt wurden. Häufig werden Auslöser für auffälliges Verhalten im frühen Kindesalter gefunden. Die gezeigten Symptome sind Ventile für eine große Not der betroffenen Kinder, Jugendlichen und deren Eltern. Unser Leitspruch:

> **!** Jeder macht es immer so gut, wie er es kann. Es ist wie es ist. Es ist für den Moment in Ordnung und für die Zukunft gucken wir mal weiter.

„Für delinquente Kinder und Jugendliche ist deren Verhalten, auch wenn es rechtswidrig ist, eine ‚Lösung' für massive sozial-emotionale Schwierigkeiten. In der systemischen Therapie gilt es, diese Muster zu unterbrechen und neue Lösungsstrategien zu entwickeln" (Dapper 2020, 50).

In beiden Fällen geht es um das Erlangen von Selbstwirksamkeitserfahrungen. Dysfunktionales Verhalten wird durch neues Erleben abgebaut. Tiergestützt können wir hier den Motivationsfaktor der Tiere nutzen. Durch konkretes Erfahren von Wirksamkeit entstehen ein wertvolleres Selbstbild und ein gesteigertes Selbstwertgefühl.

TIPP

Interventionsmöglichkeiten sind:

- pflegerische Tätigkeiten, wie das Bürsten des Fells, das Kratzen der Hufe,
- körperliche Tätigkeiten, wie das Reinigen der Ställe,
- versorgende Tätigkeiten, wie Futter liebevoll zubereiten und füttern,
- koordinierende Tätigkeiten, wie ein Tier anhalftern/Halsband anlegen, Führarbeiten ausführen, Parcours arbeiten, Tricks ausführen lassen,
- emotionales Miteinander, wie Kuscheln und Streicheln sowie
- beobachten und achtsam sein für Perspektivwechsel und Therapeutengespräch (Abb. 62, Abb. 63).

Grundsätzlich dürfen wir alle Beobachtungen wertvoll kommentieren, immer das Gehörte des Klienten paraphrasieren und uns unserer Vorbildfunktion bewusst sein.

Abb. 62 u. 63: Die Kinder haben Obst und Gemüse für die Tiere liebevoll selbst zubereitet und freuen sich, den Tieren etwas Gutes zu tun. Diese gemeinsame Aktion für die Tiere kann in der therapeutischen Intervention sehr wertvoll sein.

Systemische TGI bei Auffälligkeiten im Bindungsverhalten: Wenn wir mit unsicher gebundenen Kindern arbeiten, liegt ein großes Augenmerk auf der Psychoedukation der Eltern oder aktuell erziehungsverantwortlichen Erwachsenen. Wir erleben häufig Kinder mit Bindungsstörungen, die in Kinderheimen oder Pflegefamilien leben. Immer wieder kommt es zu großen Irritationen bei den Erwachsenen, wenn früh gestörte Kinder im sozialen Miteinander ungeplantes Verhalten zeigen. Dies kann zu Unverständnis, Verzweiflung und auch feindseligem Verhalten führen. Es ist unumgänglich, die Bezugspersonen zu sensibilisieren und Formen der Bindungsstörungen zu thematisieren. Für das alltägliche Miteinander sind zum einen Strukturen und Rituale wichtig und zum anderen ein feinfühliges, verstehendes und schützendes Vorgehen der Bezugsperson gegenüber dem Kind.

TIPP

Wiederkehrende Abläufe schaffen Sicherheit. Dies können gemeinsame Begrüßungsrituale sein: Zu Beginn immer ein kurzes, gemeinsames Gespräch, indem die Bezugsperson, und altersabhängig auch das Kind, die Möglichkeit bekommt, schöne Erlebnisse des Tages zu erzählen oder die eigene Stimmung vorzustellen. Hierzu können Impulskarten/Emotionskarten genutzt werden oder auch Figuren. Besonders ansprechend sind Karten/Fotos von den eigenen Tieren in unterschiedlichen Kontexten. Zum Beispiel: Der Hund schläft, er rennt, er frisst, er spielt, er badet in einer Pfütze, er schwimmt. Das Pferd wird geführt, die Biene sammelt Nektar, der Esel grast. Der Ablauf sollte auch möglichst strukturiert sein. Vielleicht wird einem Tier immer etwas Futter angeboten, das Wasser aufgefüllt oder auch gemeinsam selbst etwas gegessen. Gemeinsames Beobachten von Tieren und der Austausch des Gesehenen schaffen Vertrautheit und Sicherheit. Die Bindung zwischen dem Kind und dem Therapeuten kann tiergestützt intensiviert werden, und Bindungsmuster des Kindes zu anderen Menschen können korrigiert werden.

Systemische TGI bei depressiven Tendenzen: Wenn wir es mit Menschen zu tun haben, die unter Depressionen leiden, ist es eine Herausforderung, sie zu aktivem Tun zu bewegen. Sie neigen zu einer negativ ausgeprägten Sichtweise auf das Leben, haben große Schwierigkeiten, Freude oder Glück zu erleben. Häufig sehen wir antriebslose Menschen, die es zu motivieren gilt. Bei Jungen erleben wir depressive Stimmungen auch häufig in Form von aggressivem Verhalten. Ebenso haben Menschen mit Depressionen eine verkürzte Aufmerksamkeitsspanne. All dies können wir mit tiergestützten Interventionen verändern.

„Was Menschen mit Depressionen häufig schwerfällt, ist der Einstieg in die Kommunikation. Hier können Tiere wie Hunde und Katzen unmittelbar helfen, da sie von sich aus intensiven Kontakt zum Menschen suchen und obendrein keine Erwartungshaltung an die betreffende Person haben" (Prothmann 2008, 173).

TIPP

Die Natur nutzen. Erfahrungsgemäß können tiergestützte Interventionen mit depressiven Kindern und auch Erwachsenen besonders gut gelingen, wenn wir uns in der Natur aufhalten. Hier können grundsätzlich erst einmal alle Tierarten zum Einsatz kommen. Hühner, Kaninchen, Meerschweinchen, Lamas, Alpakas, Pferde, Esel, Schafe, Ziegen, Hunde und viele mehr.
Einen großen Unterschied der Einsatzmöglichkeiten der Tiere gibt es dennoch: Einige Tierarten können gemeinsam mit uns gehen.

Walk & talk oder Walk & watch oder auch Walk & watch & talk. Durch die gemeinsame körperliche Bewegung ist auch unser Gehirn in Bewegung. Das können wir zum Üben des Wechsels der Blickrichtung nutzen. Ein weiteres Argument für die Arbeit im Freien ist die größere Bewegungsfreiheit, die meist mit einem größeren Handlungsraum einhergeht und zu körperlicher Aktivität führt.
Das aktive Füttern der Tiere, das alleinige Eintreten in deren Lebenswelten verhilft Menschen mit depressivem Erleben rascher zu Eigeninitiative und zu aktivem Tun. Sie durchbrechen ihre Lethargie und setzen sich bewusst und achtsam mit anderen Lebewesen auseinander. Und damit hat auch der Therapeut größere Möglichkeiten zu intervenieren.

Somatoforme Auffälligkeiten stehen häufig mit Ängsten und depressiven Verstimmungen in Verbindung und können ebenso behandelt werden. Hier ist der Einbezug der Bezugspersonen wichtig, um Kinder zu entlasten und Rollenverschiebungen zu erkennen und zu verändern.

TIPP

Gemeinsames Führen eines Tieres. Dies kann bspw. ein Hund, ein Esel oder auch ein Pferd sein (Abb. 64). Dies ist für diagnostische Einschätzungen hilfreich:

- Wer übernimmt wann welche Rolle?
- Wie wird miteinander gesprochen?
- Werden Verabredungen getroffen?
- Wer unterstützt wen?
- Wer hat eine größere Frustrationstoleranz?

Hier kann es sehr hilfreich sein, Videos und Fotos von den Beteiligten zu machen und diese in der Reflexion gemeinsam zu betrachten. Natürlich sprechen wir ausschließlich über wertvolle und konstruktive Situationen und heben diese hervor.
Geschenkte Fotos von glücklichem Miteinander können nachhaltig wirken. Immer wieder berichten Patienten, dass sie Fotos am Kühlschrank oder der Diele aufgehängt haben, und so manche Herausforderung im Alltag leichter meistern konnten, nachdem sie sich an schöne Momente im therapeutischen Setting erinnert haben.

Abb. 64: Das vierjährige Mädchen traut sich, den Esel Fridolin zu führen. Sie erlebt sich über die Maßen als Selbstwirksam und ist sehr stolz auf sich. Dieses Gefühl wird sie in herausfordernden Situationen wieder nutzen können.

Systemische TGI bei Reaktionen auf traumatische Erfahrungen und Trauerreaktionen: Solche Reaktionen finden wir bereits bei Kindern im Kindergartenalter. Dies bedeutet nicht, dass wir von Kindern mit posttraumatischen Störungen sprechen müssen. Zunächst sollte die unmittelbare Bewältigung der Erfahrung im Fokus sein. Durch spielen, malen und auch reden können Erlebnisse aufgearbeitet werden. Hierzu ist es unabdingbar, dass sich das Kind in einem geschützten, vertrauen schaffenden Milieu befindet. Diesen Rahmen können wir durch den Einsatz eines Tieres einfacher schaffen als ohne ein Tier. An dieser Stelle ist es uns wichtig, auf die Kompetenz des Therapeuten zu verweisen, der an dieser Stelle sicher eine Spezialisierung aufweisen muss.

Wenn wir mit trauernden Kindern oder Familien arbeiten, bieten sich tiergestützte Interventionen an. Trauer ist zunächst einmal eine emotionale Reaktion auf einen Verlust. Dieser Verlust kann eine Person, ein Ort oder auch ein Kuscheltier sein. Auch wiederkehrende Ereignisse, wie die Gewöhnung an den Kindergarten, kann mit Trauer und Angst einhergehen.

TIPP

Trauerarbeit:

- Jede Art von Trauer ist *richtig*.
- Trauer durchläuft verschieden Phasen.
- Trauer darf sein.

Wir können Raum geben, an dem es in Ordnung ist, traurig zu sein. Gegenüber dem anwesenden Tier fällt es vielen Menschen leichter, ihren Kummer auszusprechen. Dies ist ein erster Schritt, den Umgang mit der Trauer zu integrieren und sie zuzulassen, statt sie zu verdrängen und an anderer Stelle in *Sackgassen* zu laufen.

Kündigt sich der baldige Verlust eines Menschen durch eine schwere Krankheit an, können wir mit Unterstützung der Tiere diesen Prozess begleiten, sodass noch zu Lebzeiten des Menschen Rituale und Achtsamkeiten zu einer erhöhten Akzeptanz des baldigen Verlustes führen.

Auch hier kann Walk & talk nützlich sein. Sehr hilfreich ist es, Abschiede so früh wie möglich zu thematisieren und den Sterbenden nach Möglichkeit teilhaben lassen. Hier können hundegestützte Besuche im Hospiz beispielsweise hilfreich sein.

Mit Kindern können *Schatzkisten* gefüllt werden (Abb. 65). Alle erinnerten Erlebnisse können veranschaulicht und für die *Ewigkeit* gesichert werden. Gemeinsame tiergestützte Interventionen bieten unermesslich wertvolle Augenblicke, die fotografisch festgehalten werden können. Auch können Materialien gesammelt werden, die im Setting von Bedeutung waren: Federn, Wolle, Haare, Steine, u.v.m.
Unserer Kreativität ist keine Grenze gesetzt.

Abb. 65: Schatzkiste: Ein zwölfjähriges Mädchen betrauert den Tod des Vaters. Dieser ist an einer Krebserkrankung verstorben. Mit Unterstützung erinnert sie sich an wertvolle Momente mit ihm und kann den Kontakt zu den Tieren als zukunftsweisende Kraft integrieren. Hier hat sie mit den Hühnern gearbeitet und eine für sie besondere Feder ausgesucht.

7 Die Bedeutung der Reflexion

Eine Reflexion kann zu Beginn, im Verlauf und auch zum Abschluss eines Settings sehr zielführend genutzt werden. Sie bedeutet das prüfende und intensive Nachdenken über das Erlebte und Erfahrene. Wir laden Klienten zu einer Selbstbeobachtung ein, indem wir neugierig Fragen stellen. Zum einen erfahren wir viel über den Gemütszustand unseres Gegenübers und zum anderen ermöglichen wir dem Klienten einen nachhaltigen Rückblick. Nachhaltig deshalb, weil Erlebtes erinnert und die Selbstwahrnehmung trainiert werden, sodass auch zukünftige Ereignisse als wertvolle Bestandteile des eigenen Tuns verbucht werden können. Wir können Sichtweisen verändern, Denk- und Handlungsmuster unterbrechen und so zu korrigierenden Sichtweisen einladen.

Gerade für Familien ist die gemeinsame Reflexion von großer Bedeutung. Jedes Familienmitglied bekommt die Möglichkeit, alle anderen Familienmitglieder durch deren *Brille* anzuschauen. Ein Kind erlebt bspw., dass alle anderen sein verändertes Verhalten und sein Bemühen sehen und auch schätzen. Dies wiederum ist ein Ansporn zu weiterer Veränderungsbereitschaft. Der Mutter wird klar, dass alle ihre Not sehen und sie fühlt sich geschätzt und gestützt. Oder ein Familienvater erkennt, dass seine Beteiligung am Miteinander sehr gewünscht ist, was er niemals vermutet hätte, und er bekommt Lust, sich aktiv am Familiengeschehen zu beteiligen (Abb. 66).

Clever gestellte Fragen sind gezielte Interventionen. Die befragte Person sollte sich wertgeschätzt und eingeladen fühlen. Hier wird erneut deutlich, wie wichtig der Beziehungsaspekt ist. Nur in einer tragfähigen Konstellation wird der Befragte Lust haben, über die formulierte Frage nachzudenken und mit uns in den Austausch gehen. Je länger eine Person braucht, um die Frage zu beantworten, desto gekonnter ist sie formuliert worden. Dies schließt jedoch unbedingt Warum-Fragen aus! Warum-Fragen sind in der Regel eine Überforderung unseres Gegenübers und auch häufig ein Bloßstellen.

Abb. 66: Schwein

FALLBEISPIEL

Wie hast du es geschafft? Ein Jugendlicher, der seinen Alkoholkonsum reduzieren möchte, um seltener die Kontrolle über sein Tun zu verlieren, berichtet voller Scham von einem Rückfall in der vergangenen Woche.
„Warum hast du das gemacht?" würde das Lösen des Problems verhindern. Hilfreicher könnte folgende Frage sein:
„Prima! Wie hast du es geschafft, an sechs Tagen in der Woche nicht zu viel zu trinken?"
Diese Frage würde den jungen Mann zunächst verunsichern, da ich wertvoll auf Ausnahmen verweise.
„Was genau war an den sechs Tagen anders als an dem Tag des Trinkens?"
Jetzt entsteht eine Reflexion und ein Blick aus der Metaebene auf das eigene Tun.
Weitere Fragen verhelfen zu neuen Strategien und führen dazu, Ressourcen zu entdecken und aktiv zu nutzen. Die Reflexion der vorangegangenen Woche führt zu einer neuen Einschätzung und Bewertung des Erlebten seitens des Klienten. Eine zirkuläre Reflexion während eines Settings liefert viele Informationen zum aktuellen Zustand des Klienten.
„Was glaubst du, wie die Hühner dich gerade erlebt haben?"
„Was mochten sie wohl am meisten an dir und deinem Tun?"

Wenn wir etwas Altbekanntes ablegen, brauchen wir eine Alternative.
Eine dreizehnjährige Schülerin wurde in meiner Praxis vorgestellt, da sie nicht mehr zur Schule gehen würde und stattdessen Drogen konsumiere und mit anderen Kindern in der City abhängen würde. Sie sei autoaggressiv, würde sich die Arme aufschneiden.
Bereits im ersten Termin gab sie an, nicht mehr an sich schneiden zu wollen.

Ich war beeindruckt von ihrer Veränderungsbereitschaft und wir schlossen einen Kontrakt. Finanziert wurden die Einheiten durch ein umliegendes Jugendamt.
Wir arbeiteten ca. acht Monate zusammen. Die ersten Termine fanden wöchentlich für sechzig Minuten statt. Im Verlauf trafen wir uns vierzehntägig. Zunächst arbeitete ich stabilisierend und im Verlauf schaffte sie es, in ihre Biografie zu schauen, um bestehende Muster zu erkennen und ablegen zu können.
Tiergestützt wurde es immer dann, wenn es um die Steigerung der Explorationsbereitschaft ging. Wenn wir etwas Altbekanntes ablegen, brauchen wir eine Alternative. Sie liebte die Hühner der Einrichtung. So gingen wir mit einem Topf gefüllt mit getrockneten Würmern – Hühner lieben diese Würmer über alles – in das Hühnergehege. Meine Hühner sind ohnehin sehr neugierig und zugewandt und mit diesen Leckerchen waren sie geradezu stürmisch in der Begrüßung. Das Mädchen hockte sich kurz darauf hin und fütterte alle Hühner mit diesen Würmern. Ein Huhn hüpfte direkt auf ihren Arm, andere Hühner pickten eifrig alles auf und wieder andere Hühner hielten etwas Abstand. Auch dies konnte das Mädchen erkennen und warf ihnen einige Würmer zu. Sie zeigte ein großes Empathievermögen und Handlungsstrategien, um allen Tieren etwas zu geben, sowie Mut, um ihnen in Augenhöhe zu begegnen.
In der Abschlussreflexion dieser Stunde fragte ich sie, wie sie sich erlebt habe. Ich fragte nach ihren Gefühlen zu ihrem Tun und ob sie ein wenig stolz auf sich sei. Hierfür nutzte ich noch eine Skalierung, um ihr eine Brücke zu bauen. Es gelang ihr in diesem Moment nicht, ihr eigenes Handeln zu bewerten oder zu verbalisieren.
Ich stellte eine zirkuläre Frage: „Was, glaubst du, wie dich der Hahn und die beiden weißen Hühner Pepita und Daisy wohl erlebt haben?"
Das Mädchen hob fragend ihre Schultern.
Ich intervenierte und sagte ihr, dass ich jetzt noch einmal zu den Hühnern ginge, um diese zu befragen.
Im Hühnergehege ging ich in die Hocke, nahm Pepita und Daisy auf den Arm und fragte die beiden. Wir steckten für einen Moment die Köpfe zusammen und ich setzte die zwei Damen wieder herunter und ging zum Mädchen. Auf dem Weg zu ihr rief ich bereits, dass die beiden sie megacool fanden. Sie hätten nie gedacht, dass sie sich trauen würde, ihnen so viele Würmer aus der Hand zu füttern und dass sie es echt fair fanden, dass sie auch den unsicheren Kolleginnen Würmer zugeworfen hatte.
Das Mädchen wurde etwas verlegen, doch strahlte dann über das ganze Gesicht. Nun konnte ich endlich fragen: „Wie hast du das geschafft, so mutig zu sein? Was war das für ein Gefühl, so belagert zu werden und trotzdem alle im Blick

haben zu können? Wo genau hast du das in deinem Körper gespürt? Kannst du dir dieses Gefühl wieder herbeiholen, wenn du Schnibbeldruck bekommst? Könnte es dir helfen, wenn wir noch Federn einsammeln und du dir einen Mutmacher bastelst?"
Wir sammelten einige Federn und jede von uns bündelte die Federn mit einem Band.
Zum Abschluss jedes Settings und zum Ende eines Prozesses lade ich immer auf eine Reflexion ein. Ich bin der Meinung, dass gerade die Erkenntnis dieser Reflexion der Schlüssel zu einer größeren Zufriedenheit ist. Dieser Schlüssel passt in Törchen, Türen und auch in große Pforten. Das Erschließen von neuen Handlungskompetenzen ist der Schlüssel zum Glücklichsein. Gewonnene Neugierde und Mut sind Öl für eingerostete Türen.

TIPP

Übung zur Eigenreflexion. Mache an mindestens vier Tagen in der Woche am Abend oder zu einer Zeit, in der du Ruhe finden kannst, eine Eigenreflexion. Nur für dich und nur ganz kurz. Notiere dir vier Erinnerungen des Tages, auf die du stolz zurückblicken kannst. Dies können natürlich auch sehr kleine Erlebnisse sein: Bspw. hast du an der Kasse ein Kind vorgelassen. Oder du hast nur drei Riegel der Schokolade gegessen und nicht die ganze Tafel. Oder du konntest einer Person einen Gefallen tun. Dir fallen sicher vier Erlebnisse ein.

Gemeinsames Reflektieren mit Kindern bedarf einiger Übung.

„Die Gespräche müssen so geführt werden, dass die Kinder gefördert und in ihrer Einzigartigkeit ernst genommen werden" (Steiner 2016, 46).

Zudem muss auch ein geeigneter Rahmen dafür im Alltag des Kindes geschaffen werden, Zeit und Struktur müssen für die Reflexion verfügbar und fest eingeplant sein. Daher sollte eine Sitzung immer mit einer Reflexion abschließen, insbesondere eine tiergestützte Sitzung, da es wichtig ist, sich die gemachten Erfahrungen noch einmal bewusst zu machen und auch das gute Gefühl im Bewusstsein zu verankern, damit es nachhaltig wirken und bei Bedarf wieder hervorgerufen werden kann. Ist dies mit rein sprachlichen Mitteln nicht möglich, helfen Bilder, Symbole und Bildkarten hier wunderbar weiter. Als sehr empfehlenswert insbesondere aber nicht nur für die Arbeit mit Hunden sei an dieser Stelle das Kartenset „Höhen & Tiefen" von Vogt/Vogt-Sitzler (2018) erwähnt. Aber auch eine Zuordnung zu entsprechenden Farben oder einem Punkt auf einer beliebigen Skala kann hier sehr sinnvoll eingesetzt und für die Reflexion genutzt werden. Im systemischen Setting bieten die Gesprächstechniken eine Struktur, im tiergestützten Setting sind es Rituale. Beides lässt sich hervorragend miteinander verbinden. So bietet es sich an, am Ende einer Einheit immer mit der gleichen oder auch mehreren wiederkehrenden Frageformulierungen die Reflexion einzuleiten und dies ebenfalls mit einer ritualisierten Handlung in Bezug auf das Tier zu verknüpfen, z. B. indem die Kinder den Schafen, Schweinen, Hühnern oder Meerschweinchen zum Abschluss noch eine besondere Leckerei zubereiten, bevor sie zu dem immer gleichen Platz gehen, an dem die Einheit auch begonnen wurde (Abb. 67).

Abb. 67: Der Junge achtet beim Füttern zum Abschluss der Einheit darauf, dass alle Meerschweinchen etwas bekommen.

Abb. 68: Leckerli-Schleuder

Oder die Kinder beantworten die Reflexionsfrage(n) und geben dem Hund anschließend noch auf eine ganz bestimmte Art ein Leckerli, z. B. mit einer Leckerli-Schleuder oder in einem Schnüffelteppich. Die Struktur und die Rituale geben Mensch und Tier Sicherheit und sorgen dafür, dass sich mehr auf das Wesentliche und den Inhalt konzentriert und eingelassen werden kann (Abb. 68, Abb. 69).

Abb. 69: Schnüffelteppich

FALLBEISPIEL

Zum sozial-emotionalen Kompetenztraining mit dem Hund Caspar kommen die Kinder immer selbstständig aus ihren Gruppen in den Raum. Ein Kind kam etwas verspätet und sichtlich aufgebracht. Es berichtete, dass es gerade noch einen Konflikt auf dem Flur hatte. Aber es sei alles geklärt, versicherte es.
Meine anerkennende Nachfrage lautete:
CD: „Wie hast du es geschafft, den Konflikt zu klären?"
K: „Ich hab einfach an Caspar gedacht."
CD: „Aha! Und wie hat das geholfen? Was genau hast du gemacht?"
K: „Ich hab das gemacht, was ich immer mache, wenn Caspar etwas macht, das ich nicht möchte – in Hundesprache!"
CD: „Ah, du hast die Hundesprache genutzt?! Das möchte ich gerne noch genauer wissen. Was machst du denn dann immer? Kannst du mir das noch einmal zeigen?"
Das Kind demonstrierte es mir gerne und war auch stolz, es den anderen zu zeigen. Es nahm die Arme an den Körper und wandte sich ab, indem es den Körper leicht drehte und wegsah.
CD: „Und genau das hast du jetzt gerade bei dem Konflikt auch gemacht?"
K: „Ja."
CD: „Und würdest du sagen, das war hilfreich oder hat es nicht so gut funktioniert?"
(Falls die Antwort hier gewesen wäre, dass es nicht so gut funktioniert hat, könnte man hier gut fragen, was für das Kind denn stattdessen vielleicht hilfreicher gewesen wäre und was es das nächste Mal anders machen könnte.)
K: „Das hat geklappt!"
CD: „Woran hast du gemerkt, dass es geklappt hat?"
K: „Der andere Junge hat aufgehört, mich zu ärgern und ist weitergegangen."
CD: „Und was hast du dann gemacht?"
K: „Ich bin auch einfach weitergegangen."
CD: „Toll, dann kannst du jetzt nicht nur die Hundesprache, sondern auch noch Konflikte besser klären! Super! Danke, dass du mir das erzählt hast!"

TIPP

Abb. 70: Lobkärtchen

Lobkärtchen verteilen (Abb. 70). Am Ende einer Einheit mit einem Hund bietet es sich an, vom Hund Lobkärtchen verteilen zu lassen. Das geht für Hunde, die gerne etwas apportieren, besonders schön mit einem Stoff-Fotomemory für Babys und Kleinkinder. Dieses hat transparente Einstecktaschen, in die man die Lobkärtchen stecken kann und da sie aus Stoff sind, nehmen Hunde sie gerne auf und können sie gut apportieren. Ebenso gut eignen sich aber natürlich alle möglichen Futterdummies oder (die günstigere Variante) einfache runde Federmäppchen.

Wenn der Hund ein tierisches Lobkärtchen *verschenkt* hat, kann die Frage gestellt werden, wie denn der Hund oder auch das Tier auf dem Bild wohl auf die Idee kommt, dass das Kind dieses Lob verdient hat. Was hat der Hund beobachtet? Steht bspw. „Gut aufgepasst!" darauf, können Fragen wie „An welcher Stelle hast du denn besonders aufgepasst?" oder „Wann war es denn besonders wichtig, gut aufzupassen?" gestellt werden, um die Selbstreflexion anzuregen und die guten und gelungen Dinge bewusst zu machen. Außerdem wird so die eigene Handlungsfähigkeit klar und Selbstwirksamkeitserfahrungen werden im Bewusstsein verankert. Dies kann sich positiv auf die Erweiterung von Handlungsalternativen und -strategien auswirken. Das sich lohnende Verhalten wird so mit hoher Wahrscheinlichkeit in einer ähnlichen Situation in der Zukunft wieder gezeigt werden.

TIPP

Reflexion mit Würfel (Abb. 71)**:** Ein Würfel mit Einstecktaschen oder ein beschreibbarer Würfel kann mit Reflexionsfragen bestückt werden. Das Tier kann ggf. selbst würfeln oder der Klient würfelt. Das Würfeln kann fast jedes Tier schnell lernen bzw. sogar schon ausüben, bevor es *würfeln* tatsächlich gelernt hat: Man lege den Würfel einfach erhöht oder halte ihn in der Hand und verstecke unter dem Würfel ein ganz besonders tolles Leckerli. Um daran zu kommen, wird das Tier den Würfel wegstupsen. Dies ist also etwas, was sich sehr leicht mit Hund, Esel oder Schwein umsetzen lässt, auch wenn das Mensch-Tier-Team (noch) nicht so viele Tricks beherrscht. (Wichtig: Dennoch unbedingt neue Aktionen immer erst in vertrauter und entspannter Umgebung zuhause ausprobieren, bevor sie im Arbeitskontext bzw. im Einsatz mit Klienten angewandt werden. So kann getestet werden, wie das Tier auf das neue Arbeitsmaterial reagiert und es kann positiv verknüpft werden. Das Risiko ungewollter Verknüpfungen kann so minimiert und zusätzliche Stressfaktoren im Einsatz können vermieden werden.)

Abb. 71: Großpudelhündin Lykke sitzt auf ihrer Pfotenmarkierung vor einem Tablett mit verschiedenfarbigen Bechern, in denen sich verschiedene Fragekärtchen befinden. Auf der gegenüberliegenden Pfote kann das Kind Platz nehmen. Mithilfe eines Glücksrads oder eines Farbwürfels wird die Farbe des Bechers bestimmt, aus der ein Kärtchen gezogen wird.

8 Ausblick

Geschafft! Wir haben mit diesem Buch eine Brücke geschaffen und zwei überaus wertvolle und vielfältige Ansätze miteinander verbunden. Die systemisch-tiergestützte Intervention macht sich auf den Weg und wir hoffen, dass wir Sie begeistern konnten und Sie Lust haben, sich mit uns auf die weitere Reise einzulassen. Wir freuen uns auf gemeinsame Begegnungen, auf einen Austausch, mit vielen Impulsen und inspirierenden Ideen.

„Keine Angst vor deiner Phantasie: Kein Vogel kann zu hoch fliegen, wenn er seine eigenen Flügel benutzt" (Blake o. A.).

In diesem Sinne wünschen wir Ihnen einen guten Start. Seien Sie mutig und setzen Sie sich neue Ziele!

Passwort für Online-Material
Das Passwort zum Öffnen des Zusatzmaterials lautet:
Re%our(enor7enT7erung

Bitte geben Sie das Passwort nicht weiter!

Literatur

Andersen, T. (1987): The Reflecting Team: Dialogue and Meta-Dialogue in Clinical Work. In: Family Process. Band 26, Nr. 4, 415–428

Beck, E. (2020): Psycho-Kiste für Hundehalter. So trainieren Sie Ihre innere Stärke. Kynos, Nerdlen/Daun

Becker, G. (2008): Soziale, moralische und demokratische Kompetenzen fördern: Ein Überblick über schulische Förderkonzepte. Beltz, Weinheim

Beetz, A. (2021): Hunde im Schulalltag. Grundlagen und Praxis. 5. Aufl. Ernst Reinhardt, München

Beetz, A., Riedel, M., Wohlfarth, R. (2021): Tiergestützte Interventionen. Handbuch für die Aus- und Weiterbildung. 2. Aufl. Ernst Reinhardt, München

Bischof-Köhler, D. (2011): Soziale Entwicklung in Kindheit und Jugend. Bindung, Empathie, Theory of Mind. Kohlhammer, Stuttgart

Brem-Gräser, L. (2020): Familie in Tieren: Die Familiensituation im Spiegel der Kinderzeichnung. 12. Aufl. Ernst Reinhardt, München

Brezinka, W. (1990): Grundbegriffe der Erziehungswissenschaft. Analyse, Kritik, Vorschläge. Ernst Reinhardt, München/Basel

Dapper, D. (2020): Kriminalprävention mit tierischer Unterstützung – Tiergestützte Arbeit mit delinquenten Jugendlichen aus der Initiative „Kurve kriegen" – Eine Einzelfallbeobachtung. In: Wesenberg, S., Nestmann, F., Scheidig, L. (Hrsg.): Tiergestützte Interventionen im Justizvollzug. Springer VS, Wiesbaden, 45–56

Darga, C. (2012): Tiergestützte Pädagogik mit dem Hund in Bezug auf die kindliche Entwicklung. Tierisch motivieren, ganzheitlich fördern. Diplomarbeit. FB 16 LA053 D217, Universität Bielefeld

Darga, C. (o.J.): HuEpF®-Konzept, tierisch-motivieren.de, 16.03.22

De Jong, P., Berg, I. K. (2012): Lösungen (er-)finden. Das Werkstattbuch der lösungsorientierten Kurztherapie. modernes Lernen, Dortmund de Shazer, S., Dolan, Y. (2020): Mehr als ein Wunder: Lösungsfokussierte Kurztherapie heute. Carl Auer, Heidelberg

Deutsche Gesellschaft für Systemische Therapie, Beratung und Familientherapie (o.J.): www.dgsf.org/service/was-heisst-systemisch, 12.02.2022

Dodge, K. A., Pettit, G. S., McClaskey, C. L., Brown, M. M., Gottman, J. M. (1986): Monographs of the Society for Research in Child Development. Vol. 51, No. 2, Social Competence in Children. Wiley, Hoboken, New Jersey

Drees, C. (2018): Pforte auf ... TGI Die möglichst freie Begegnung von Mensch und Tier. Eigenverlag, Walsrode

Eco, U. (2002): Einführung in die Semiotik. UTB, Stuttgart

Eisenberg, N., Fabes, R. (Hrsg.) (2006): Emotion Regulation and Children's Socioemotional Competence. Child Psychology: A Handbook of Contemporary Issues. Psychology Press, New York

Erickson, M. H., Rossi, E. (2010): Hypnotherapie. Aufbau – Beispiele – Forschungen. Klett-Cotta, Stuttgart

Furman, B. (2017): Ich schaffs! Spielerisch und praktisch Lösungen mit Kindern finden - Das 15-Schritte-Programm für Eltern, Erzieher und Therapeuten. Carl Auer, Heidelberg

Geiger, T. (1931): Das Tier als geselliges Subjekt. In: Legewie, H. (Hrsg.): Arbeiten zur biologischen Grundlegung der Soziologie. C. L. Hirschfeld, Leipzig, 283–307

Greiffenhagen, S., Buck-Werner, O. N. (2009): Tiere als Therapie. Neue Wege in Erziehung und Heilung. Kynos, Mürlenbach

Groth, T. (2017): 66 Gebote systemischen Denkens und Handelns in Management und Beratung. Carl Auer Systeme, Heidelberg

Hanswille, R. (2015): Handbuch systemische Kinder- und Jugendlichenpsychotherapie. Vandenhoeck & Ruprecht, Göttingen

Heller, J. (2017): So bin ich stark! Gut aufgestellt mit dem inneren Team. Kösel, München

Hemsoth, C. (2021): Traumatisierte Kinder in Schule und Unterricht. Wenn Kinder nicht wollen können. Julius Klinkhardt, Bad HeilbrunnJugert, G., Rehder, A., Notz, P., Petermann, F. (2007): Soziale Kompetenz für Jugendliche. Grundlagen, Training und Fortbildung. Juventa, Weinheim/ München

Julius H., Beetz, A., Kotrschal, K., Turner, D. C., Uvnäs-Moberg, K. (2014): Bindung zu Tieren. Psychologische und neurobiologische Grundlagen tiergestützter Interventionen. Hogrefe, Göttingen

Kalisch, R. (2017): Der resiliente Mensch: Wie wir Krisen erleben und bewältigen. Neueste Erkenntnisse aus Hirnforschung und Psychologie. Berlin in der Piper GmbH, München/Berlin

Kellert, S. R. (1997): Kinship to mastery. Biophilia in Human Evolution and Development. Island Press, Washington D.C.

Kindl-Beilfuß, C. (2017): Fragen können wie Küsse schmecken. Systemische Fragetechniken für Anfänger und Fortgeschrittene. Carl Auer, Heidelberg

Kindl-Beilfuß, Carmen (2012): Fragen können wie Küsse schmecken. Systemische Fragetechniken für Anfänger und Fortgeschrittene. Carl Auer, Heidelberg

Ladner, D., Brandenberger, G. (2020): Tiergestützte Psychotherapie mit Kindern und Jugendlichen: Hund und Pferd therapeutisch einbeziehen. 2. Aufl. Ernst Reinhardt, München

Largo, R. H. (2021): Babyjahre. Entwicklung und Erziehung in den ersten vier Jahren. Piper, München

Levinson, B. M. (1969): Pet-oriented Child Psychotherapy. Thomas, Springfield

Leyendecker, C. (2005): Motorische Behinderungen. Grundlagen, Zusammenhänge und Förderungsmöglichkeiten. Kohlhammer, Stuttgart

Louv, R. (2011): Das letzte Kind im Wald. Geben wir unseren Kindern die Natur zurück. Beltz, Weinheim/Basel

Luhmann, N. (1984): Soziale Systeme. Grundriß einer allgemeinen Theorie. Suhrkamp, Frankfurt/Main

Maturana, H. R. (1982): Erkennen: Die Organisation und Verkörperung von Wirklichkeit. Vieweg, Braunschweig

Mogel, H. (2008): Psychologie des Kinderspiels. Von den frühesten Spielen bis zum Computerspiel. 3. akt. u. erw. Aufl. Springer, Heidelberg

Oerter, R. (2002a): Kultur, Ökologie und Entwicklung. In: Oerter, R., Montada, L. (Hrsg.): Entwicklungspsychologie. 5. vollst. überarb. Aufl. Beltz, Weinheim, 72–104

Oerter, R. (2002b): Kindheit. In: Oerter, R., Montada, L. (Hrsg.): Entwicklungspsychologie. 5. vollst. überarb. Aufl. Beltz, Weinheim, 209–257

Olbrich, E. (2003): Biophilie: Die archaischen Wurzeln der Mensch-Tier-Beziehung. In: Otterstedt, C., Olbrich, E. (Hrsg.): Menschen brauchen Tiere. Grundlagen und Praxis der tiergestützten Pädagogik und Therapie. Kosmos, Stuttgart, 68–76

Otterstedt, C. (2017): Tiergestützte Intervention. Methoden und tiergerechter Einsatz in Therapie, Pädagogik und Förderung. 88 Fragen & Antworten. Schattauer, Stuttgart

Otterstedt, C. (2011): Mensch und Tier – Von der Begegnung zur Beziehung. In: Erhard, M., Sambraus, H. H. (Hrsg.): Tagungsband zur 12. Fachtagung zu Fragen von Verhaltenskunde, Tierhaltung und Tierschutz „Ethologie und Tierhaltung", Gießen, 3–16Prothmann, A. (2008): Tiergestützte Kinderpsychotherapie. Theorie und Praxis der tiergestützten Psychotherapie bei Kindern und Jugendlichen. 2. erg. Aufl. Peter Lang, Frankfurt/Main

Reddemann, L. (2001): Imagination als heilsame Kraft. Ressourcen und Mitgefühl in der Behandlung von Traumafolgen. Leben lernen 288. Klett Cotta, Stuttgart

Reiners, B. (2013): Kinderorientierte Familientherapie. Vandenhoeck & Ruprecht, Göttingen

Renoldner, C., Scala, E., Rabenstein, R. (2020): einfach systemisch! Systemische Grundlagen & Methoden für Ihre pädagogische Arbeit. Ökotopia, Aachen

Retzlaff, R. (2008): Spiel-Räume: Lehrbuch der systemischen Therapie mit Kindern und Jugendlichen. Klett-Cotta, Stuttgart

Rogers, Carl R. (1957): The Necessary and Sufficient Conditions of Therapeutic Personality Change. Journal of Consulting Psychology 2, 95–103

Schlippe von, A., Schweitzer, J. (2019a): Systemische Interventionen. Vandenhoeck & Ruprecht, Göttingen 2019/1

Schlippe von, A., Schweitzer, J. (2019b): Gewusst wie, gewusst warum. Die Logik systemischer Interventionen. Vandenhoeck & Ruprecht, Göttingen

Schlippe von, A., Schweitzer, J. (2007): Lehrbuch der systemischen Therapie und Beratung. Vandenhoeck & Ruprecht, Göttingen

Schulz von Thun, F. (2012): Der Mensch als pluralistische Gesellschaft. Das Modell des inneren Teams als Haltung und Methode. In: Schulz von Thun, F., Stegemann, W. (Hrsg.): Das innere Team in Aktion. Praktische Arbeit mit dem Modell. Rowohlt, Reinbek bei Hamburg

Schwarzkopf, A., Olbrich, E. (2003): Lernen mit Tieren. In: Otterstedt, C., Olbrich, E. (Hrsg.): Menschen brauchen Tiere. Grundlagen und Praxis der tiergestützten Pädagogik und Therapie. Kosmos, Stuttgart, 253–267

Siegler, R., DeLoache, J., Eisenberg, N. (2005): Entwicklungspsychologie im Kindes- und Jugendalter. Spektrum, München

Steiner, T. (2016): Jetzt mal angenommen … Anregungen für die lösungsfokussierte Arbeit mit Kindern und Jugendlichen. Carl Auer, Heidelberg

Systemische Gesellschaft (o.J.): systemische-gesellschaft.de/systemischer-ansatz/was-ist-systemisch, 11.02.2022

Vernooij, M. A., Schneider, S. (2018): Handbuch der tiergestützten Intervention: Grundlagen, Konzepte, Praxisfelder. 4. korr. u. akt. Aufl. Quelle & Meyer, Wiebelsheim

Vernooij, M. A., Schneider, S. (2010): Handbuch der tiergestützten Intervention: Grundlagen, Konzepte, Praxisfelder. Quelle & Meyer, Wiebelsheim

Walter, J. L., Peller, J. E. (1994). Lösungs-orientierte Kurztherapie. Ein Lehr- und Lernbuch. modernes lernen, Dortmund

Vogt, M., Vogt-Sitzler, F. (2018): Höhen & Tiefen. Manfred Vogt Spieleverlag, Bremen

Watzlawick, P., Beavin, J. H., Jackson, D. D. (1985): Menschliche Kommunikation. Formen, Störungen, Paradoxien. 7. unv. Aufl. Hans Huber, Bern/Stuttgart/Wien

Watzlawick, P. (1977): Die Möglichkeit des Andersseins - Zur Technik der therapeutischen Kommunikation. Huber, Bern

Weber, A. (2012): Mehr Matsch! Kinder brauchen Natur. Ullstein, Berlin

Wilson, E. O. (1984): Biophilia: The Human Bond with Other Species. Harvard University Press, Cambridge

Wohlfarth, R., Mutschler, B. (2020): Die Heilkraft der Tiere. Wie der Kontakt mit Tieren uns gesund macht. btb, München

Wohlfarth, R., Mutschler, B. (2022): Praxis der hundegestützten Therapie. Grundlagen und Anwendung. 4. Aufl. Ernst Reinhardt, München

Zimmer, R. (2005): Handbuch der Sinneswahrnehmung. Grundlagen einer ganzheitlichen Bildung und Erziehung. Herder, Freiburg im Breisgau

Weiterführende Literatur

Andresen, S., Hurrelmann, K. (2010): Kindheit. Bachelor Master. Beltz, Weinheim/Basel

Barthelmess, M. (2016): Die systemische Haltung. Was systemisches Arbeiten im Kern ausmacht. Vandenhoeck & Ruprecht, Göttingen

Beck, A., Katcher, A. (1996): Between Pets and People. The Importance of Animal Companionship. Purdue University Press, West Lafayette, Indiana

Beetz, A. (2003): Bindung als Basis sozialer und emotionaler Kompetenzen. In: Otterstedt, C., Olbrich, E. (Hrsg.): Menschen brauchen Tiere. Grundlagen und Praxis der tiergestützten Pädagogik und Therapie. Franckh-Kosmos Verlags-GmbH & Co, Stuttgart, 76–84

Bergler, R. (1994): Warum Kinder Tiere brauchen. Herder, Freiburg

Berndt-Schmidt, K., Diehm, R., Lackmann, R., Müller, P. (1995): Sonderpädagogischer Förderbedarf, Förderbereiche, Förderschwerpunkte. Überlegungen zu Begriffs-Inhaltskomponenten und zu Folgerungen für Unterricht, Erziehung und Lehrerausbildung. In: Zeitschrift für Heilpädagogik 1995, 46, 7, 323–333

Britzkow, M., Jermies, S. (2015): Familiencoaching. Ein Praxishandbuch. Hogrefe, Bern

Buchner-Fuhs, J., Rose, L. (2012): Warum ein Buch zu Tieren in der Sozialen Arbeit? Eine kritische Bestands-aufnahme zur Thematisierung der Tiere in diesem Berufsfeld. In: Buchner-Fuhs, J., Rose, L. (Hrsg.): Tierische Sozialarbeit. Ein Lesebuch für die Profession zum Leben und Arbeiten mit Tieren. Springer VS, Wiesbaden, 9–26

Dörpinghaus, A., Uphoff, I. K. (2011): Grundbegriffe der Pädagogik. WBG, Darmstadt

Emmer, A., Hofmann, B., Matthes, G. (2000): Elementares Training bei Kindern mit Lernschwierigkeiten. Training der Motivation. Training der Lernfähigkeit. Luchterhand, Neuwied

Feddersen-Petersen, D. U. (2003): Das Ausdrucksverhalten und die Kommunikation von Hunden in ihrer Bedeutung im therapeutischen Kontext. In: Otterstedt, C., Olbrich, E. (Hrsg.): Menschen brauchen Tiere. Grundlagen und Praxis der tiergestützten Pädagogik und Therapie. Kosmos, Stuttgart, 348–359

Frick-Tanner, E., Tanner-Frick, R. (2003): Tiergestützte kinder- und jugendtherapeutische Praxis. In: Otterstedt, C., Olbrich, E. (Hrsg.): Menschen brauchen Tiere. Grundlagen und Praxis der tiergestützten Pädagogik und Therapie. Kosmos, Stuttgart, 130–139

Göppel, R. (2007): Aufwachsen heute. Veränderungen der Kindheit – Probleme des Jugendalters. Kohlhammer, Stuttgart

Grandin, T. (2006): Ich sehe die Welt wie ein frohes Tier. Eine Autistin entdeckt die Sprache der Tiere. Ullstein Taschenbuch, Berlin

Heimlich, U. (2015): Einführung in die Spielpädagogik. 3. akt. u. erw. Aufl. Julius Klinkhardt, Bad Heilbrunn

Kienbaum, J., Schuhrke, B. (2019): Entwicklungspsychologie der Kindheit. Von der Geburt bis zum 12. Lebensjahr. Kohlhammer, Stuttgart

Kotrschal, K., Ortbauer, B. (2003): Kurzzeiteinflüsse von Hunden auf das Sozialverhalten von Grundschülern. In: Otterstedt, C., Olbrich, E. (Hrsg.): Menschen brauchen Tiere. Grundlagen und Praxis der tiergestützten Pädagogik und Therapie. Kosmos, Stuttgart, 267–272

Krowatschek, D. (2007): Kinder brauchen Tiere. Wie Tiere die kindliche Entwicklung fördern. Patmos, Düsseldorf

Küchler, T. (2016): Veränderung muss s.e.x.y. sein. Lösungsorientierte Anregungen für das (Selbst-)Management von Veränderungen. modernes Lernen, Dortmund

Landgraf, D., Neuse, V. (2021): Praxisbuch tiergestütztes Training und Coaching. Beltz, Weinheim

Liese-Evers, M., Heier, M. (2021): Tiergestützte Interventionen mit Kindern und Jugendlichen. Ein Praxisbuch. Junfermann, Paderborn

Maturana, H. R., Varela, F. J. (2020): Der Baum der Erkenntnis. Die biologischen Wurzeln menschlichen Erkennens. 8. Aufl. Fischer, Frankfurt/Main

Mertens, S. (2019): Das innere Team mit Tieren. Tiere als Persönlichkeitssymbole in Psychotherapie und Beratung. Ernst Reinhardt, München

Otterstedt, C. (2007): Mensch und Tier im Dialog. Kommunikation und artgerechter Umgang mit Haus- und Nutztieren. Methoden der tiergestützten Arbeit und Therapie. Kosmos, Stuttgart

Otterstedt, C. (2003): Der heilende Prozess in der Interaktion zwischen Mensch und Tier. In: Otterstedt, C., Olbrich, E. (Hrsg.): Menschen brauchen Tiere. Grundlagen und Praxis der tiergestützten Pädagogik und Therapie. Kosmos, Stuttgart, 58–68

Otterstedt, C. (2001): Tiere als therapeutische Begleiter. Gesundheit und Lebensfreunde durch Tiere - eine praktische Anleitung. Kosmos, Stuttgart

Otterstedt, C., Rosenberger, M. (Hrsg.) (2009): Gefährten – Konkurrenten – Verwandte. Die Mensch-Tier-Beziehung im wissenschaftlichen Diskurs. Vandenhoeck & Ruprecht, Göttingen

Schiefele, U. (2009): Motivation. In: Wild, E., Möller, J. (Hrsg.): Pädagogische Psychologie. Springer Medizin, Heidelberg, 151–177

Zimmermann, P. (2006): Grundwissen Sozialisation. Einführung zur Sozialisation im Kindes- und Jugendalter. 3. überarb. u. erw. Aufl. VS für Sozialwissenschaften, Wiesbaden

Sachregister